비판과 반란의 정신, 논쟁이 없는
한국 철학계에 경종을 울린다.

철학은 반란이다!

Philosophy is a Rebellion

독립철학자 | 이 종 철

차례

서문을 대신하여 ; 왜 철학은 반란인가?　　　5

Ⅰ. 한국과 한국인 비판 ─────── 11

1. 한국인들의 무례　　　12
2. 한국인들의 불행　　　16
3. 한국인들의 거짓말　　　22
4. 한국인들과 칭찬　　　26
5. 한국인들의 극단적 사고　　　30
6. 한국인들과 종교　　　34
7. 한국인들의 자기감정　　　41
8. 한국인들과 공부　　　46
9. 한국인들의 서구 콤플렉스　　　51
10. 조선과 북한의 '초록이 동색'　　　62
11. 획득형질이 유전되는 괴이한 사회　　　67
12. 어떻게 일으켜 세운 나라인데　　　75
13. 사랑은 아무나 하나?　　　80

철학은 반란이다!
Philosophy is a Rebellion

Ⅱ. 해석과 비판 — 87

1. 언필칭 K-Philosophy가 존재하는가? — 88
2. 최근의 한류 현상을 둘러싼 논쟁 비판 — 93
3. 한류 현상과 인문학 — 97
4. 인문학의 위기 담론 비판 — 100
5. 주입식 암송교육과 사대주의 — 106
6. 이어령 교수의 〈제망매가〉 해석에 대한 비판 — 110
7. 송재윤 교수의 주자학적 관념성 비판 — 116
8. 이 한우의 논어 강의 비판 — 119
9. 신영복 선생의 "學而不思則罔 思而不學則殆"의 해석에 대한 비판 — 124
10. 우물안 개구리와 조선의 선비들 — 133
11. 뉴라이트의 열등 심리학과 컴플렉스 — 137
12. 김상봉 선생의 『아리스토텔레스의 신학』출간과 〈한겨레〉 인터뷰 — 139
13. 칸트와 이승만 — 145
14. 박정희의 5.16, 혁명인가 쿠데타인가? — 152
15. 김훈과 김민웅 둘 다 틀렸다. — 156

Ⅲ. 철학과 사상 비판 — 163

1. 포이어바흐의 기독교 비판의 비판 — 164
2. 헤겔과 청년 마르크스의 철학관 — 169
3. 한글 유감 — 173
4. 한국인의 사유와 일본인의 사유의 차이와 비판 — 177
5. 문제는 악의 평범성이 아니다. — 182
6. 개인의 자유와 서구의 몰락 — 187
7. 공자와 나이 — 191
8. 향원은 덕의 적이다(鄕愿, 德之賊也) — 198
9. 깨달음이란 무엇인가? — 202
10. 돈오돈수(頓悟頓修) 인가 돈오점수(頓悟漸修) 인가? — 206

저자 프로필 — 210

서문을 대신하여 ; 왜 철학은 반란인가?

철학은 다른 분과 학문들과는 다르게 문제를 근원적이고 총체적으로 파악하는 경향이 높다. 때문에 철학은 끊임없이 "철학이란 무엇인가?"라는 정체성의 물음에 매달리는 경우가 많다. 수없이 철학 공부를 하면서 철학사도 열심히 공부를 하고, 나름 전문화된 분과 철학에 주제를 한정해 열심히 탐구하면서도 과연 이것이 제대로 '철학을 하는philosophieren' 것인가라는 자문을 하는 경우가 많다. 사실 분과학문의 경우에는 이런 식의 질문이 거의 없다. 그들이 하는 일 대부분은 과학사가 토마스 쿤이 주장했듯, 주어진 패러다임paradigm 안에서 주어진 문제들을 해결하는 것으로 채워진다. 이들이 지금까지와 다르게 보다 근원적인 질문을 던지는 경우는 지금까지 해왔던 방식에서 문제가 풀리지 않을 때다. 이때 비로소 그들은 자신들이 지금까지 해왔던 연구 방법에 대해 의문을 갖고 보다 근본적인 질문을 던지는 것이다.

이에 반해 철학은 이런 근원적이고 총체적인 질문을 상시적으로 던진다. "철학이란 무엇인가?"라는 질문은 늘 해오던 철학에서 얼마든지 제기되고 있다. 이 과정에서 철학의 참다운 본질이 무엇이고, 철학의 본래적인 정체성이 무엇이고, 철학은 과연 무엇을 지향하고 어떻게 해야 하는가라는 물음을 추구하는 것이다. 이에 대한 답변은 철학자마다 다르고, 각 시대마다 다르고, 특정한 철학 분과마다 다르다. '철학'이란 말은 이 모든 것을 하나로 통일시킬 수 없다. 오래전 아리스토텔레스가 말했듯, "철학이란 무엇인가?"라고 했을 때 말하는 '철학'은 결코 '단일한univocal' 의미가 아니라 유비적analogical으로 이해해야 할 것이다. 그럴 때 비로소 동서 철학과 고금의 철학의 차이와 다양성이 인정될 수 있다. 그런 의미에서 "철학이란 무엇인가?"라는 물음을 던질 때 철학은 결코 어떤 하나의 철학으로 한정할 수 없을 것이다. 설령 그렇게 한정 지을 수 있다 할지라도 그것이 철학의 전부는 아니다. 이러한 맥락을 염두에 두면서 필자는 "철학은 반란이다!"라는 주제로 지금까지 이곳저곳에 써왔던 글을 정리해 보았다.

이 책은 철학이 갖는 여러 가지 특성 중에서 다른 어떤 분과학문들 못지않게 철학의 비판적 특성을 살려서 이름을 붙인 것이다. 사실 동서양의 철학사를 통해서 볼 때 그것은 칼만 들지 않았지 사무라이들의 피비린내 나는 싸움 못지않았다. 철학사는 언어로 싸운 전쟁터나 다름없다. 철학은 끊임없이 전대의 철학을 비판하면서 새로운 철학을 탄생시켰다. 그런 의미에서 철학은 끊임없이 반란을 도모하고 비판과 부정을 일상화한 학문이라 할 수 있다. 철학, 특히 서양철학은 이러한 비판과 부정의 역사, 즉 반란의 역사로 이어져 온 것이다. 서양철학의 탄생지라 할 그리스에서 그 모습을 여실히 찾아볼 수 있다. 초기 이오니아 지방의 자연철학자들은 우주 자연Physis의 궁극 원인arche에 깊은 관심을 보였다. 여기서 아르케는 시초이자 원리이고, 그 이후의 것들에 대한 영향이기도 했다. 이 아르케를 둘러싸고 서양철학의 원조인 탈레스는 "만물의 근원은 물이다."라고 한 반면, 아낙시만드로스는 그런 가시적인 것이 근원이 될 수는 없다고 하면서 "만물의 근원은 무한자apeiron이다."라고 했다. 뒤이어 아낙시마네스는 추상적인 무한정자를 거부하고 '공기'를 아르케로 내세웠다. 이런 식의 논쟁은 그 이후 서양철학사의 전개를 통해 그대로 이어졌는데, 동양 철학의 역사도 예외가 아니다. 특히 제자백가의 온갖 학설의 난무는 이러한 전통을 여실히 보여주고 있다. 중국의 선사들은 깨달음을 구하는 과정에서 "부처가 보이면 부처를 죽이고, 조사가 보이면 조사를 죽여라."殺佛殺祖라는 이야기까지 했다. 오로지 진리와 진실이 중요할 뿐 사람은 부차적이라 생각했기 때문이다. 이 책에 등장하는 여러 논쟁과 비판들을 전개하면서 필자는 무엇보다 철학의 밑바탕에 흐르는 이런 철저한 비판의 정신을 따르고자 했다. 그런 의미에서 철학의 역사는 전 시대 혹은 바로 앞선 세대에 대한 비판과 반란의 역사다.

이런 철학의 정신에 비추어 본다면 논쟁이 부재한 작금의 한국의 인문학과 철학의 현실은 참으로 초라해 보인다. '모난 돌이 정을 맞는다'거나 '절이 싫으면 중이 떠난다'라는 말은 아마도 논쟁과 비판을 외면하고 기피하는 한국적 풍토를 대변하는 말인지도 모른다. 필자가 본문에서도 지적했듯, 신라 향가 〈제망매가〉에 대한 이어령 선생의 해석은 참으로 문제가 많다. 하지만 이런 해석에 대해 수십 년이 흐르도록 누구 하나 제대로 비판하거나 문제 제기를 한 사람이 없다는 것을 어떻게 이해해야 할까? 이어령 선생의 유명세에 주눅이 들어서 그랬다고 한다면 학자로서 참으로 비겁한 행위이다. 마찬가지로 한때 장안의 지가紙價를 높인 신영복 선생의 글에도 적지 않은 문제들이 들어있다. '學而不思則罔 思而不學則殆'에 관한 선생의 해석은 이론과 실천의 문제를 부단히 사색한 데서 나온 정수이다. 하지만 선생의 의도와 다르게 이 해석은 정반대로 이루어졌다. 이어령 선생이 지나친 자신감에서 오류를 범했다고 한다면, 신영복 선생은 독학으로 쌓은 학문의 부족에서 나온 오류라 할 수 있다. 내가 이런 지적을 하는 것은 오류 자체의 문제가 아니라 그런 오류에 대해 누구 하나 시비를 걸고 학문적 논쟁을 하지 못한 한국 학계의 풍토 때문이다. 그리고 이런 오류들은 조금만 눈을 밝혀 본다면 도처에서 얼마든지 찾아볼 수 있을 것이다. 한국의 인문학과 철학이 늘 수입에 의존하고 자생적으로 성장하지 못하는 것도 다지고 보면 비판과 논쟁의 부재에서 나오는 것이라 할 수 있을 것이다. 부디 이 책이 비판과 반란의 정신, 논쟁이 없는 한국 철학계에 경종을 울리는 계기가 되었으면 한다.

파주의 우거에서
2025년 5월

서문을 대신하여

Ⅰ. 한국과 한국인 비판

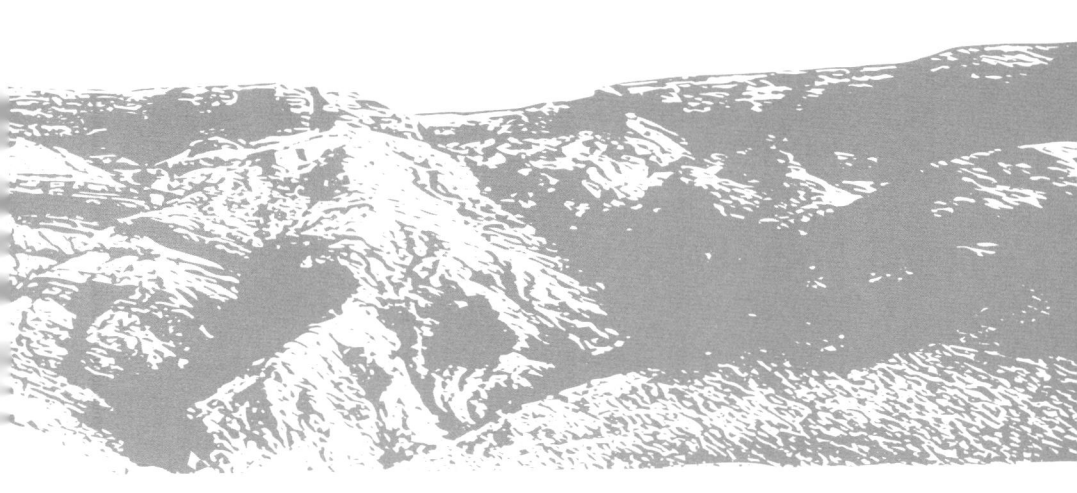

1. 한국인들의 무례

일전에 학부모의 간섭과 모욕으로 꽃다운 교사가 자살을 했던 적이 있는데, 얼마 후에는 군수 참모처장이 병사들을 일꾼 다루듯 하면서 16첩 밥상을 너어 지인에게 대접을 했다고 한다. 다른 어느 곳보다 공사가 분명해야 할 군대에서 남의 귀한 자식을 노예처럼 부려 먹은 셈이다. 이번이 처음이 아니라 그동안 일상적으로 이루어졌다고 한다.

이런 예들을 거론할 것도 없이 이제는 '모욕과 무시 그리고 차별'이라는 말이 한국인들의 일상이 되고 있다. 한국인들은 나보다 가난하다고 무시하고, 아파트 평 수가 작다고 무시하고, 사는 동네가 꾸질하다고 무시하고, 가방끈이 짧다고 무시하고, 지잡대라 무시하고, 직업이 천하다고 무시하고, 업무 처리가 늦다고 무시하고, 키가 작다고 무시하고, 못생겼다고 무시하고, 장애인이라고 무시하고, 동남아 출신이라 무시하고 정규직은 강사를 무시한다. 이런 모욕과 무시가 학교 현장에서도 빈발해서 선생들이 극심한 스트레스를 받고 있는 것이다. 그러고 보면 한국인들은 자기보다 조금만 못해도 무시하는 것이 몸에 밴 듯하다. 과거 동방예의지국이라 불렀던 한국인들이 도대체 왜 이토록 무례해졌는가? 한국인들의 도덕 교육이나 인성 교육이 잘 못 돼서 그런가? 한국의 가정 교육이 잘 못 돼서 그런가? 한국인 자체의 인성이나 사회 자체가 태생적으로 잘 못 돼서 그런가? 모욕과 무시는 선진 외국에서도 일반적인 현상이라고 물타기를 하지 마라.

　이조 5백 년 동안 조선은 유교가 지배해온 국가이다. 잘 알다시피 유교는 다른 무엇보다 예禮를 중시한다. 삼강오륜三綱五倫은 3가지 강령과 5가지 인륜을 말한다. 여기에는 군주와 신하 간, 부부 간, 아버지와 자식들 간, 친구들 간 등 거의 인간 사회 모두에 적용되는 도리와 예법을 지정해 놓고 있다. 부모가 죽으면 3년 상을 치르고, 조상을 섬기는 제사를 지낼 때 차례 음식상 놓는 법도 다 규정하고 있다. 17세기 조선에서 벌어진 예송논쟁禮訟論爭은 이런 예법이 현실 정치를 좌지우지할 만큼 중요했음을 보여준다. 이는 효종이 죽은 후 효종의 계모인 장렬왕후가 기년복朞年服을 입을 것인가, 3년 복을 입을 것인가를 두고 벌인 논쟁이다. 효종은 둘째이기 때문에 기년 상을 치러야겠지만 동시에 왕이었기 때문에 3년 상을 치러야 한다고 서인과 남인 간에 벌인 논쟁이었다. 이만큼 조선 5백 년 동안 조선인들의 일거수일투족을 강력하게 규율해왔던 예법 덕분에 조선은 '동방 예의지국'이라 불렸는지 모르겠다. 그런데 왜 이런 것들이 오늘날에 와서 깡그리 사라지고 있을까? 한국 사회가 지난 1세기 동안 근대화되면서 전통 예법은 사라지고 새로운 규범을 마련하지 못하다 보니 도덕규범의 공백 현상, 말하자면 일종의 아노미anomie 현상이 벌어지고 있는 것일까? 우리가 새롭게 만들어야 할 규범이 무엇일까?

　서구인들도 중세 천 년을 지배했던 가톨릭이 종교 개혁으로 무너졌을 때 비슷한 경험을 했었다. 가톨릭은 개인의 신앙보다는 엄격한 예배 의식과 사제, 그리고 교회 제도에 기초해 있다. 중세 후반 가톨릭이 면죄부까지 판매하면서 타락하자 다르틴 루터가 종교 개혁을 시도하면서 프로테스탄트를 제창했다. 개신교는 사제나 교회를 배제하고 오로지 믿는 자의 내면의 양심을 통해 신과의 만남, 믿음을 강조했다. 더 이상 의심하려야 의심할 수 없는 데카르트의 Cogito[1]의 확실성Gewwisheit과 마찬가지로 양심Gewisse은 내 마음속의 자기 확신에 기초한 도덕률이다. 이런 내면의 양심이 사제와 교회를 대신해서 새로운 신앙의 준거 역할을 하고 도덕적 인간의 도덕률을 세운 것이다. 그런 의미에서 종교 개혁 이후 근대화 과정에서 서구인들이 아노미Anomie의 혼란에 빠지지 않을 수 있었던 것은 신과 교통하는 내면의 확실한 양심 때문이다. 이 양심은 기존의 규칙이나 의무에 구애를 받지 않는다. 헤겔이 말하듯, "양심은 자기 자신에 대한 확신의 힘 속에서 마음대로 묶고 풀 수 있는 절대적 자주성의 위엄을 지닌다."(Hegel, 『정신현상학』) 각자가 마음속에 신을 모시고 있으니까 타인을 '목적의 왕국'으로 간주할 수 있는 것이다.

반면 한국인들은 근대화 과정에서 조선 5백 년을 지탱해왔던 타율적인 유교의 예를 집어던졌지만 서구인들처럼 스스로 판단할 수 있는 내면의 도덕률을 정립하지는 못했다. 물론 성誠

---

[1] "Cogito"는 라틴어로 "나는 생각한다"를 의미한다. 이 단어는 철학자 르네 데카르트가 제시한 유명한 명제 "나는 생각한다, 그러므로 나는 존재한다" (Cogito, ergo sum)에서 유래했다

과 경敬을 강조하는 유교가 타율적인 예법이라고만은 할 수 없을 것이지만, 일반 국민의 도덕적 행동으로 내면화되지는 못했다. 경제나 법 같은 근대화의 외면을 모방한 반면, 프로테스탄티즘의 내면의 신앙, 양심적 도덕은 배우지 못한 것이다. 한국의 교회가 그렇게 많이 외형적으로 성장을 했어도 내면의 정신을 제대로 이해를 하지 못하다 보니 교회가 한국인들의 도덕과 정신 형성에 거의 영향을 주지 못한 것도 그 때문이다. 오히려 교회는 천민자본주의와 탐욕적인 욕망을 부추기는 역할을 더 많이 했다. 한국인의 정신을 사로잡고 있는 것은 오로지 화폐신Money God 뿐이다. 돈만 있으면 모든 것이 가능한 사회가 한국 사회다. 때문에 부가 축적이 되고 경제적 불평등이 심화되면서 모욕과 무시, 그리고 차별은 이런 천민 의식이 표출될 수 있는 하수관이나 다름없이 되었다. 잘못된 행동임을 스스로 깨닫게 해주는 양심도 없고, 그것을 외부적으로 제어할 수 있는 법이나 도덕이 제 역할을 하지 못하다 보니 자신보다 조금이라도 약한 자를 보면 하대하는 태도가 더욱 심해진 것이다. 이제라도 늦지 않았다. 한국인들은 이제 새로운 도덕률을 정립할 수 있어야 한다. 그것이 유교의 성誠의 윤리이든, 기독교의 양심Gewisse의 윤리이든 자신의 내면의 확고한 도덕률이 필요한 시대이다.

2. 한국인들의 불행

　미국의 영향력 있는 유튜버 마크 앤슨(Mark Anson)이 한국인들을 진단한 이야기가 도하 일간지 모두에 실리면서 화제다. 좋은 이야기라고 하면 모르겠지만 왜 한국인들의 불행을 노골적으로 드러낸 이런 이야기에 언론이 민감하게 반응하는지 모르겠다. 한국인의 불행에 한국의 언론들의 책임이 적지 않다는 것을 인정하기 때문인가?

　마크 앤슨은 한국인들이 20세기 들어 급속하게 근대화와 민주주의를 이룩한 특별한 성과에도 불구하고 스스로를 불행하다고 생각한다고 말한다. 한국인들은 자신들이 이룩한 대단한 성과에 자부심을 갖기보다는 유교와 자본주의의 나쁜 점만 받아들여 자학적으로 스스로를 평가하는 것 같다는 것이다. 실제로 한국은 OECD 국가 중에서 자살률이 가장 높고, 출산율은 가장 낮으며, 고령화율도 급속히 높아지는 데다가, 오징어 게임을 보듯 사회적 경쟁이 극심한 편이다. 한국인들이 자신들의 나라를 서슴없이 HELL 조선이라고 부르고 있고, 대부분의 젊은 세대들은 서슴없이 '이생망'이라고 하면서 미래에 대해 불행하게 전망하고 있다. 이런 사정만 감안한다면 한국은 멀지 않은 미래에 국가가 소멸한다고 해도 이상하지 않을 정도다. 왜 한국인들은 이렇게 자신들에 대한 이미지를 낮게 갖고 있을까? 실제로 외국에서 한국의 이미지는 이른바 한류 문화를 위시해 대단히 진취적이고 높게 평가를 받고 있다. 이처럼 안팎의 인식의 차이가 큰 이유가 무얼까? 도대체 그 원인이 어디에 있을까?

나는 마크 앤슨의 주장에 기본적으로 동의를 하면서 어떻게 하면 한국인들이 겪는 불행의 원인과 극복 방안을 모색해 보고자 한다.

첫째, 한국의 학부모들의 치열한 교육열과 한국인들의 경쟁 교육 시스템이 단기간에 이루어진 한국의 경제 발전에 상당한 기여를 했다는 것을 부인할 사람은 없을 것이다. 하지만 그에 따른 문제점도 적지 않다. 무엇보다 한국인들은 유치원에서부터 최종 학위를 마칠 때까지 오로지 경쟁 일변도의 교육에 내몰리고 있다. 그러다 보니 공부의 즐거움보다는 생존 경쟁의 벼랑 끝에 떨어지지 않기 위해 사교육 시장에서 학교생활의 대부분을 보내고 있다. 문제는 이런 교육이 단기간의 성과를 올릴지는 몰라도 창의적인 교육과는 멀다는 점이다. 입시 제도의 문제는 한국 사회 전반에 걸쳐 악영향을 미치고 있다. 그럼에도 정작 한국의 대학들은 최종 학위에 대한 자신을 잃고 여전히 많은 학생들을 유학으로 내몰고, 창의적인 지식을 생산하지 못하고 있다. 타율적인 강제 혹은 경쟁이 창의적 학문에 방해가 된다는 것을 입증한 셈이다.

그런 의미에서 단순히 수능 시험으로 서열화된 기존의 한국 대학의 폐쇄적 구조를 이제 더는 방치해서는 안 된다. 대학을 들어가는 문을 극도로 좁게 만들다 보니 어린 시절부터 사교육 시장에서 생존 경쟁에 내몰리는 것이 한국 교육의 현실이다.

긴 인생의 한때 받은 점수가 평생을 좌우한다는 것처럼 불합리한 것이 어디에 있을까? 때문에 이제는 들어가는 문을 독일 대학의 경우처럼 완전 개방을 해놓을 필요가 있다. 일단 대학에 들어가는 것은 누구든지 원하면 가능하게 하고, 대신 학사 관리를 철저히 해서 졸업을 어렵게 만들 필요가 있다. 이 경우 입시 교육의 경쟁은 없애는 한편 대학에서 자신이 좋아하는 학문을 훨씬 강도 높게 할 수 있다는 장점이 있다. 더불어 대학의 실질적 교육을 위해 대학의 내실화를 강화할 수 있다. 대학이 성적이 뛰어난 학생들을 뽑아서 평준화시키는 현재의 시스템은 새롭게 변화하는 시대 상황에 대한 적응력이 떨어질 수밖에 없는 것이다.

다음으로 한국인들은 자신들의 이미지, 즉 정체성을 확인하는 데 유독 자신 없어 한다. 다시 말해 한국인들은 지나칠 정도로 타인의 시선을 의식하고, 타인들의 평가에 민감하다. 때문에 한국인들은 타인들에 비칠 이미지를 만드는 데 과도할 정도의 시간과 비용을 투자하고 있다. 한국의 여성들이 외모에 투자하는 시간과 비용이 OECD에 속한 다른 국가들의 여성들을 크게 웃돈다는 사실은 잘 알려져 있고, 덕분에 한국의 성형 수술은 이웃 국가들의 여성까지 유혹하고 있다. 타인의 시선에 의해 평가되는 이미지에 과도하게 집착하다 보니 항시 시선은 자신보다 타인을 향해 있다. 왜 이런 현상이 비롯된 것일까? 나는 그것을 한국인들의 오랜 사대 식민주의에서 그 원인을 찾고 싶다. 마크 앤슨은 유교의 장점을 이야기했지만, 그 이상으로 유교가 가져다준 부정적인 측면도 많다. 그중에서도 조선시대에 깊게 뿌리를 내린 중화 사대주의와 한문 숭배로 인해 자신들의 정체성을 스스로 확립하는 데 유독 약하다. 항상 중국이나 일본 그리고 오늘날에는 미국이라는 대타자Big Other가 한국인들의 삶의 정체성을 확인해 주고, 이 대타자의 인정을 위해 자신의 모든 것을 걸기도 한다. 이러한 이미지 집착은 전광용의 '꺼삐딴 리'라는 소설에 잘 드러나 있다.

한국인들이 스스로 많은 것을 성취했음에도 불구하고 자신감을 갖지 못하다 보니 늘 자신의 삶을 긍정하거나 행복해하지 못하는 경우가 많다. 행복의 기준은 자기 밖에 있으면 결코 채울 수 없기 때문이다. 그런 면에서 한국인들은 타인들의 시선에 의해 결정되는 이미지에 집착하기보다는 자신의 삶을 긍정하고 자기 정체성을 스스로 확립하려는 노력에 익숙해져야 한다. 이런 노력은 유치원생들로부터 대학의 교수들, 이른바 지식인들에 이르기까지 공통적으로 요구되는 사항이라 할 수 있다. 학자들도 늘 바깥에서 새로운 이론이나 사상을 수입하는 데만 열중하지 말고, 자신들의 동료를 인정하고 동료들과의 경쟁과 소통에 충실할 필요가 있다. 더 이상 타인들과의 비교가 아니라 자기 긍정이 뿌리를 내린다면 행복지수도 그만큼 높아질 수가 있을 것이다.

한국인들이 자신들의 삶을 불행하게 생각하는 데는 한국인들의 가치기준이 다양하지 못하고 획일적으로 서열화된 면이 크다. 만약 대안 가치의 다양성이 있다면 굳이 특정 가치에 집착할 필요도 없고, 그것이 나에게 부족하다고 해서 열등감에 빠질 필요도 없다. 가치의 다양성이 인정된 사회는 그만큼 인간들 사회가 획일적인 경쟁에 빠질 이유도 없다. 그런데 한국인들은 유독 부와 권력 그리고 사회적 신분을 최고의 가치로 판단하고, 그것의 쟁취를 위해 평생을 바치는 경우가 많다. 그런 가치들이 한 인간의 행복을 보장해 주는 충분조건이 될 수 없음에도 불구하고 부와 권력 그리고 사회적 신분에 대한 한국인들의 집착은 상상을 초월한다. 이런 기준이 강하다 보니 어릴 때 부터 아파트 평수와 사는 동네를 가지고 사람을 평가하는 데 익숙해 있다. 부모의 획일적 가치관이 여과 없이 아이들에게 전수된 것이다. 하지만 세상에는 부와 권력 그리고 사회적 신분 외에도 추구할 가치들은 수도 없이 많다. 자연의 색깔이 수도 없이 많은 것처럼 그것을 흑과 백으로만 구분한다는 것은 어리석기 짝이 없는 행동이다. 한국인들의 가치 판단이 획일화되다 보니 성공의 기준도 획일적이고, 그것을 달성하려는 목표도 획일화되어 있다. 부와 권력을 쌓고 사회적 신분이 높으면 인간적으로 성공했다고 생각하는 것이 한국인들의 일반적 생각이고, 그것을 쟁취하지 못하면 불행하다고 생각한다. 때문에 한국인들의 가치 판단의 기준은 늘 타인들과의 비교를 통해서 이루어질 수밖에 없다. 이런 상태에서 자신들의 삶을 긍정하고 자신들의 삶에서 행복을 찾으라고 하는 말이 공염불처럼 들리는 것은 너무나 당연하다. 그렇다면 왜 한국인들의 가치가 다양하지 못할까?

이에는 어렸을 때부터의 교육이 크게 작용을 하고, 획일적 사고를 지닌 부모들의 욕망이 단순한 이유가 크다. 한국인들은 어렸을 적부터 '공부 열심히 하라'는 말을 지겹도록 듣지만, 그것은 순수하게 공부를 좋아해서 열심히 하라는 말이 아니다. 열심히 공부하라는 것은 생존경쟁에 승리하기 위한 수단이고, 이러한 생존 경쟁의 최종 목표는 부와 권력 그리고 사회적 신분이다. 당연히 서열화된 경쟁에서 탈락한 사람들은 자신들의 삶을 불행하게 느낄 수밖에 없는 구조이다. 만일 가치가 다양하다고 하면 각기 다르고 다양한 가치를 추구하면서 그 속에서 얼마든지 만족하고 행복해할 수 있으며, 자신들의 삶을 긍정할 수가 있다. 이런 환경이 부족하다 보니 한국인들은 열심히 일하고서도 불행한 것이다. 나는 이런 가치의 다양성이 부족한 원인을 한국인들의 낮은 독서율에서 찾고 싶다. 한국인들이 책을 읽지 않는다는 것은 세계인들이 알고 있을 정도이고, 한국에서는 출판 산업이 대표적인 사양 산업으로 꼽혀 있을 정도다. 한국인들은 초등학교 졸업할 때까지만 열심히 책을 읽지만 일단 중학교부터 입시 전선에 편입되는 순간 독서도 오로지 성적과 입시를 위해서만 한다. 그런 상태로 대학에 들어가서도 다양한 가치를 이해할 수 있는 교양을 위한 독서는 완전히 제쳐진다. 대학을 졸업하고 회사에 들어가면 한 달에 한 권의 책도 읽지 못한다. 술과 게임에 절어 살면서도 독서를 위해서는 단 한 시간도 투자를 못한다. 이런 상태가 오랫동안 지속되다 보니 오히려 책을 보는 행위 자체가 어색한 것이 한국인들의 삶에 나타나는 현상이다. 하지만 책을 보고 생각을 할 때 비로소 교양이 가능해지고, 교양이 뒷받침될 때 음악과 예술 등 다른 문화적 가치도 추구할 수가 있다. 원초적으로 책에서 모든 것이 나온다고 해도 과언이 아닌데, 이런 원초적 행위를 하지 못하는 상태에서 어떻게 다양한 가치를 인정하고 추구할 수 있겠는가?

한국인들이 열심히 노력하고 많은 것을 성취하면서도 삶을 불행하다고 생각하는 것 자체가 불행하고 불쌍한 한국인들의 모습이다. 이제는 이런 불행한 자화상을 바꿔야 한다. 그러기 위해서는 지금까지 살아오던 방식과 인식을 근본적이면서도 혁명적으로 바꿔야 한다. 삶을 행복하게 산다는 것은 아리스토텔레스가 지적한 것처럼 인생의 궁극 목표이다. 부와 권력 그리고 사회적 지위와 같은 것들은 행복을 위한 필요조건이지 결코 충분한 조건이 될 수 없다.

3. 한국인들의 거짓말

미국 영화를 보다 보면 법정에서 증인을 택할 때 반드시 성경에 손을 얹고 선서를 하는 장면을 볼 수 있다. 미국이 기독교 국가이기 때문에 이런 현상이 자연스러워 보일 수 있다. 하지만 성경에 손을 얹고 선서를 한다는 것은 절대 위증을 하지 않는다는 의미이다. 이것은 신과의 약속이고, 그런 의미에서 어떤 경우에서도 그 약속을 깨서는 안 된다는 것이다. 기독교의 오랜 전통을 가진 나라에서는 이처럼 인간 행위를 규제하는 절대적 기준이 있다. 그들이 종종 'Are you pormiss?'라고 할 때는 지켜도 그만이고 안 지켜도 그만인 것이 아니다. 그만큼 약속은 믿음과 신뢰의 차원이기 때문에 절대 깨서는 안 된다는 것이 묵시적인 사회적 합의이다. 그들에게 거짓말을 한다는 것과 하지 않는다는 경계는 칸트가 '정언명법'으로 규정했던 것과 마찬가지로 절대적 의미를 가지고 있다. 잘 알려져 있듯 칸트에게 정언 명법Categorical Imperative은 상황이나 분위기에 따라 임의로 판단할 수 있는 가설적인 것이 아니다. 그렇기 때문에 칸트가 "거짓말을 하지 마라"는 정언명법을 말할 때는 어떤 상황에서도 거짓말을 해서는 안 되는 절대적인 도덕 명령인 것이다. 칸트의 이런 주장에 대해 어떤 이는 거짓말이 주는 긍정적 효과를 고려해서 정언 명법의 절대성을 부인하려 하기도 한다. 예를 들어 일제 식민지 시절 독립운동을 하는 사람이 일본 경찰을 피해서 도움을 청해 올 때 그는 독립군의 행방을 묻는 일본 경찰에게 진실을 말해야 하는가 아니면 거짓말을 해야 하는가라는 딜레마적 상황이 일어날 수도 있다. 세상 물정 모르는 불통不通처럼 보일지 몰라도 칸트는 이런 경우에도 절대로 거짓말을 해서는 안 된다고 말한다.

　　칸트의 이런 주장은 서양의 지성사에서 오랜 전통을 가지고 있다. 거짓말은 신과의 약속을 깨는 것과 마찬가지로 절대 해서는 안 된다고 그들은 본다. 만일 거짓말을 수시로 하게 된다면 일시적인 이익이 있을지 몰라도 사회 전체가 불신에 빠지게 되고, 그로 인해 입는 전체적인 손실이 더 클 수 있다. 신뢰 Trust는 오늘날 사회적 자본의 하나로 평가받고 있다. 믿음이 약한 사회는 그 사회를 지속시키기 위해 훨씬 더 높은 비용을 지불할 수밖에 없기 때문이다. 헤겔은 『철학사 강의』에서 오래 전 그리스 사회에 등장했던 일군의 사회과학자 집단인 소피스트들Sophists의 문제점을 한 마디로 비판한 적이 있었다. 그에 따르면 소피스트들에게는 참과 거짓의 경계선이 없다는 것이다. 문화 상대주의와 다양성을 강조하는 소피스트들에게는 절대적인 참도 없고 거짓도 없는 것이다. 나에게 참인 것이 너에게는 거짓일 수 있고, 한 사회에서 옳다고 받아들이는 도덕이 다른 사회에는 그렇지 못한 경우들이 많기 때문이다. 문화 상대주의가 일반화된 현대의 입장에서 볼 때는 지극히 당연한 주장으로 보일 수도 있을 것이다. 실제로 소크라테스와 플라톤은 이러한 도덕의 상대성, 진리의 주관성을 주장한 소피스트들과 논쟁을 하면서 그들의 주장을 비판했다. 적어도 그 사회는 지켜야 할 것과 그렇지 못한 것의 경계를 확고하게 만들었다고 할 수 있다.

그런데 이런 논리를 한국에 적용한다면 어떻게 될까? 내가 왜 한국인들은 거짓말을 밥 먹듯이 하는가? 라는 다소 도발적인 질문은 한 이유가 있다. 한국인들은 오랜만에 친구들을 만나거나 여러 가지 이유로 사람들을 만날 때 늘 하는 이야기가 있다. "식사 한 번 하지요. 제가 나중에 연락을 드리겠습니다." 처음에 나는 이 말을 곧이곧대로 듣고서 조만간 연락이 오기를 기다렸다. 하지만 연락이 오는 경우는 거의 없다. 그냥 편의상 으레 하는 말일뿐이다. 한 마디로 약속을 건성으로 한다는 것이다. 서양인들이 'I promise'라고 말할 때의 의미와는 크게 다르다. 마찬가지로 한국인들은 법정에서 선서를 할 때도 다르지 않다. 법조계에서 오랫동안 근무하는 한 친구의 말에 따르면, 위증이 위법한 것이고 형사 처벌을 받을 수 있음에도 불구하고 수시로 위증이 이루어진다는 것이다. 때문에 법관도 증인의 증언을 심각하게 인정하지 않는다고 말한다. 한 마디로 해도 그만이고 안 해도 그만은 아니겠지만 그 신뢰도가 낮다는 의미이다. 서양인들의 경우에도 위증이 있겠지만 성경에 손을 얹고 증언을 할 때의 의미와는 판이하다.

한국인들 사이에서 거짓말이 일상적으로 이루어지다 보니 거짓말에 대해서도 거짓말을 쉽게 용인하고 관대하게 대하는 경우가 많다. 대표적으로 선거할 때 정치인들은 유권자들에게 수많은 공약公約을 하지만, 선거가 끝나고 나면 언제 그런 공약을 했는지 기억조차 하지 못한다. 결국 그것은 허공에다가 한 헛 약속空約이나 다름없다. 유권자들이 이런 행태에 대해 책임을 물어야 하는 데 유권자들 역시 별로 관심을 두지 않는다. 한 마디로 정치인들이 거짓말을 할 수 있는 풍토가 만들어져 있고, 그것을 개선하려 하지도 않기 때문에 가능한 것이다. 이런 형태의 거짓말에는 공적으로 책임 있는 인사들에게도 수시로 나타나고 있다. 입법하는 국회의원들이나 그것을 집행하는 행정부의 관료들, 그리고 최종적으로 법적 판단을 하는 법

원조차도 거짓말에서 벗어나 있지 않다. 이런 현실은 법관과 법에 대한 국민의 신뢰도가 크게 낮은 정황에서 미루어 생각해 볼 수 있다

물론 살면서 거짓말을 절대 안 할 수는 없다. 하지만 그 빈도수가 중요하다. 한 사회가 불신 사회에 빠진다면 사회적 비용이 그만큼 클 수밖에 없다. 신용지수가 낮은 사람의 이자율이 높듯, 사회를 유지하는 데도 똑같다. 한 사회에서 믿음과 신뢰는 절대적으로 중요한 가치인데, 이런 것들이 뒷받침되지 않는 사회가 외형적으로 성장했다 해도 결코 행복한 삶을 보장해 줄 수는 없다. 삶에 있어서 어떤 절대적 가치나 기준을 유지하려는 태도가 중요하지 않을까?

4. 한국인들과 칭찬

"칭찬은 고래도 춤추게 한다."는 말이 있다. 고래가 춤을 춘다는 이야기는 금시초문이겠지만, 칭찬은 그만큼 불가능한 일도 해낼 수 있을만한 힘을 준다는 의미일 것이다. 그럼에도 한국인들은 남을 칭찬하는 법이 거의 없다. 오히려 남을 깎아내리는 행동을 더 많이 한다. 오히려 "사촌이 땅을 사면 배가 아프다."는 표현이 한국인들의 정서에 더 어울릴지 모른다. '헬조선'으로 불리는 한국 사회의 많은 부분이 이런 분위기에 기인할 것이다. 도대체 한국인들은 왜 그럴까?

칭찬을 하면 좋은 점이 많다. 일단 상대에 대한 긴장을 풀

어줄 수 있다. 서로 간에 경쟁을 하다 보면 신경이 날카로워지고, 스트레스도 심해진다. 이럴 때 상대의 아주 자그마한 점이라도 칭찬을 해주면 당장 효과가 있다. 어떤 사람도 칭찬받기를 싫어하거나 웃는 낯에 침을 뱉는 경우는 없다. 칭찬으로 누그러지면 죽고 사는 식의 경쟁 분위기도 선의의 경쟁으로 바뀔 수 있다. 상대를 꼭 죽여야만 이기는 것은 아니다. 오히려 선의의 경쟁을 통해서 훨씬 좋은 결과를 얻을 수 있다. 그런 면에서 칭찬은 좋은 인간관계의 강력한 도구이다.

SNS에 글을 쓰다 보면 댓글이 달리는 데 아주 심한 악플이 달리는 경우가 많다. 예민한 사람들은 이런 악플 때문에 상당한 스트레스도 받는다. 심지어 대중의 칭찬을 먹고 사는 연예인들의 경우 목숨을 끊는 경우도 많다. 굳이 상대의 복장을 긁어 놓을 필요가 없는 데 오히려 이런 행위를 즐겁게 생각하는 사람들이 의외로 많다. 이들 중에는 전문적으로 게시판을 찾아다니면서 악성 댓글로 글쓴이의 감정에 비수를 날린다. 아주 좋지 않은 행동이다. 오죽하면 선플 달기 운동을 하거나 실명제로 전환해서 함부로 악플을 달지 못하도록 하겠는가? 억지로 선플을 할 필요는 없지만, 재미로 하는 악플은 상대를 죽이는 행위임을 명심해야 한다.

정치인들이 사용하는 언어의 대부분은 상대 정당의 행위나 상대 의원들의 말에 대한 비난 일색이다. 정당한 비판은 얼마든지 할 수가 있고, 이런 비판을 통해 개선과 성장을 할 수가 있다. 그런데 비판이 아니라 오로지 비난을 위한 비난을 일삼기 때문에 어떤 말을 해도 서로 간에 경청을 하지 않는다. 그런 모습을 보는 국민들도 눈살을 찌푸리는 경우가 적지 않다. 서로 간에 귀를 닫고 오로지 입만 열면 비난을 하기 때문에 한국 정치의 발전이 쉽지 않다. 말이 씨가 된다고 오로지 상대를 죽여야만 내가 산다는 비장한 감정이 앞서다 보니 정권이 바뀌면 전 정권의 모든 것을 뒤집어 버리기 일쑤다. 이런 형태의 단순 뒤집기는 그야말로 추상적인 부정으로서 더 이상의 발전이 있을 수 없다. 변증법에서 '지양aufheben'이란 말은 부정하고 비판한다는 의미도 있지만 좋은 것을 보존해서 끌어올리는 긍정적 의미도 담고 있다. 단순 부정으로서는 이런 형태의 지양과 상승이 불가능하다. 정치인들의 이런 언어는 이제 거의 모든 부문에서 일상화돼서 굳어진 한국 사회의 진영논리를 더욱 공고하게 만들고 있음을 알아야 한다. 하지만 진영 논리를 극복하지 못한다면 미래의 한국에 대한 전망은 참으로 우울해질 것이다

무조건 비난이라 하면 언론도 빠지지 않는다. 언론의 칼럼은 일반 국민들에 미치는 영향이 크다. 때문에 이런 칼럼을 쓰는 인사들은 개인적이거나 정파적인 입장을 넘어서 보다 객관적이고 전체를 고려해야만 한다. 오늘날 언론은 입법 사법 행정이라는 공식적 권력 외에 언론 권력이라 할 만큼 위력을 발휘하고 있다. 그런 언론이 정파적 입장을 고수한다면 어떻게 될까? 실제로 한국의 언론들은 특정 정당 기관지나 선전지라 오해받을 정도로 편파적인 모습을 보일 때가 많다. 사정이 이

렇다 보니 언론에 대한 국민들의 신뢰 지수가 땅에 떨어져 있는 편이다. 언론인들의 자질 개선이 필요할 정도이다. 여기에는 미디어 환경이 달라진 면도 크다. 특히나 오늘날에는 sns의 발달로 검증되지 않은 편파성 글들이 언론의 이름을 걸치고 도처에 넘치고 있다. 민주주의를 활성화하는 데는 이러한 다양성이 필요하지만 그에 따른 책임도 물어야 할 것이다.

　남을 칭찬하는 데 인색하기로는 한국의 학자들도 둘째가라면 서러울 정도이다. 그들은 어떤 경우이든 남을 인정하지 않는다. 학자가 논문을 쓸 때면 다른 논문들이나 책들을 읽어야 하지만 한국의 학자들은 설령 읽었어도 전혀 내색을 하지 않고, 게다가 인용은 거의 하지 않는다. 오죽하면 국내 학자의 글을 인용할 경우 가산점을 준다는 학술진흥재단의 권장 기준이 있을 정도다. 그러면서도 제대로 소화하지 못한 외국의 문헌들은 수도 없이, 거의 절대적 신뢰를 갖고 인용을 한다. 어떤 경우는 번역서를 읽고서도 인용은 원전 페이지를 인용하기까지 한다. 굳이 그럴 필요가 없는 데 왜 이런 현상이 벌어지는가? 그것은 상당 부분 스스로 판단하는 주체성이 없기 때문일 것이다. 이런 태도가 조선의 중화 사대주의 이래로 일제의 식민지를 거쳐 해방 후 친미 사대주의에 이르기까지 여전히 유지되고 있다. 학문 사회도 서로 상대를 인정하고 비판해가면서 동반 성장할 수 있지만 이렇게 준거점을 외국에 두다 보면 학문의 자생적 논쟁이나 발전이 있기 힘들다. 오늘날 한국에 수많은 논문들이 쏟아져도 세계적인 담론이나 이론 혹은 철학이 없다는 것은 그것을 반증하는 것이 아닐까?

한국인들은 다른 어떤 나라의 국민들보다 '자존심'이 강하다. 하지만 이런 자존심은 배타적 감정에 기초할 수 있고, 때문에 칭찬에 인색한 태도는 이런 감정에 기초해 있을 수 있다. 타인과의 관계에서 보다 중요한 것은 자신의 자존심만 앞세울 것이 아니라 '자존감'이 더 중요하다. 자신을 존중하는 자존감이 강한 사람일수록 타인에 대한 인정도 후하고 타인을 칭찬 잘 한다. 상대가 아무리 나와 적대를 이룬다 해도 상대를 인정할 때 나 자신도 인정받을 수 있다. 이런 인정에는 칭찬이 절대적이다. 무조건 단점만 보는 것이 아니라 상대의 긍정적인 면도 확인하고 칭찬할 수 있는 대인의 풍모와 자세가 이 시대에 필요할 것이다.

5. 한국인들의 극단적 사고

교토 대학의 오구라 기조 교수는 일본 내 대표적인 지한파 학자로 알려져 있다. 수년 전 그는 『한국은 하나의 철학이다』(모시는 사람들, 2017)를 출간해서 센세이션을 일으킨 바가 있다. 조선이 '철학의 나라'라는 것은 잘 알려져 있지만, 이 조선에서 오직 하나의 리理를 둘러싼 싸움에서 승자 독식하는 현상을 밝힌 것이다. 이런 현상은 그 이후 현대에까지 이르러 오늘날 한국 사회를 지배하는 '진영논리'도 그런 현상을 대표하고 있다. 그는 『조선 사상사』(도서출판 길, 2021)라는 책에서 일본인의 사유방식과 한국인의 사유방식을 비교해서 두드러진 특징을 기술한다. 이러한 기술은 과거 루스 베네틱트가 『국화와 칼』이라는 책에서 일본인의 대표적인 특성으로서 한편으로는 평화를 상징하는 국화를, 다른 한편으로는 폭력성을 상징하는 사무라이의 칼로 상징한 것과 비슷하다.

오구라 기조는 한국인들의 가장 두드러진 사고는 '뒤집기' 개변이라고 보는 반면 일본인의 사고는 '브리콜라주2)'라고 본다. 일본 문화가 외부로부터 도래하는 문화에 대해 브리콜라주(수선)적인 포섭 방법을 취하는 경향이 강한 반면, 조선은 외부로부터 도래한 사상이 기존 시스템의 전면적인 개변을 추진하는 경향이 존재한다는 것이다. 고려 시대에 불교가 주도 사상으로 사회 변혁을 시도했고, 조선에서는 성리학이 국가의 통치 이념이 되면서 사회를 혁명적으로 바꿨다. 근대에 기독교가 새로 들어오면서 그런 역할을 했고, 이런 전통은 현대에 들어서도 조선민주주의 인민공화국에서 공산주의라는 사상(주체사상)이 똑같은 역할을 하고 있다. 말하자면 한국은 사상이 연속성을 띠기보다는 새로운 사상에 의해 끊임없이 대체되고 개변되고 있다는 것이다. 여기서는 오로지 하나를 쟁취하려는 싸움이 득세하고, 이 싸움에서 승리한 자가 모든 것을 차지한다. 그러다 보니 싸움은 목숨을 건 사생결단식으로 이루어질 만큼 격렬해진다. 조선시대 사색당쟁에서 지면 삼족이 멸해지는 전통은 최근의 조국 집안을 도륙 내는 검찰의 행태에서도 그대로

---

2) 손에 닿는 어떤 것이든 수선해서 자기 것으로 만드는 예술 기법을 말한다.

재현되고 있다.

　이런 극단적인 뒤집기와 부정은 현대인의 한국인들에게도 거의 모든 부문에 걸쳐 드러난다. 진영논리가 일상화되면서 지역 간 갈등, 계층 간 갈등, 도농 간 갈등, 세대 간 갈등, 남녀 간 갈등, 정규직과 비정규직 간 갈등, 진보와 보수 간 갈등 등 거의 전반에서 나타난다. 한국에서는 정권이 바뀌면 전 정권에서 했던 일 중에 아무리 좋은 일조차 다 뒤집어 팽개치는 것을 너무나 당연시한다. 최근 김훈 작가가 '내 새끼 지상주의'[3]를 중앙일보에 싣자 기다렸다는 듯 온갖 비난과 증오를 내뱉는다. 구글이나 페이스 북에 보면 글 좀 쓴다는 사람들은 하나같이 입을 모아 김훈에 대해 저주하고 있다. 하지만 이것은 정도를 넘어도 한참 넘은 반응이다. 김훈 작가가 핵심으로 생각한 '내 새끼 지상주의'와 '공교육의 죽음'은 아예 관심도 갖지 않고, 오직 그가 조국 교수 부부를 소환한 단 두 줄만 문제 삼기 때문이다. 사실 김훈의 이런 논지는 '생물학적 환원주의'에 빠졌을 뿐 아니라 공교육의 문제를 학부모의 민원으로 치부한 데서 심각한 인식의 한계를 보여주는 것이다. 이처럼 유리한 비판의 호재를 두고 반대세력들은 오로지 '조국 사수!'의 투쟁 대열로 일사불란하게 움직이는 것이다. 이런 감정적인 반응의 정도가 심해지더니 개딸 등 강성 지지층은 드디어 과거 이문열의 책을 태웠던 악몽을 일깨우려는 듯 김 씨의 책을 갖

---

3) https://www.joongang.co.kr/article/25182441 우리는 Ⅱ, <u>해석과 비판</u>의 15절에서 "김훈과 김민웅 둘 다 틀렸다"를 다뤘다.

다 버리겠다고 선언했다. 한국과 같은 대표적인 문명국가에서 도저히 있을 수 없는 일이 벌어지는 것이다.

한국 사회의 극단적 분열 상황에서 중도나 양비를 이야기하면 너무 쉽게 사이비나 회색분자로 매도된다. "양 끝으로 떨어지지 말라"는 불락이변不落二邊은 불교의 중도 사상의 핵심이고, 중용은 유학의 오래된 경전의 이름이기도 하다. 오래전 그리스의 아리스토텔레스도 『니코마코스 윤리학』에서 '중용'을 강조한 바 있다. 중용은 극단이 빚는 악덕, 이를테면 지나침과 모자람과 같은 악덕을 피하기 위한 중간의 논리이다. 하지만 이것은 단순한 산술적 의미의 중간이 아니라 실천적 이성의 지혜를 요구하는 논리이다. 무엇이 만용이고, 무엇이 비겁인 지는 때와 상황에 따라 얼마든지 달라질 수 있기 때문에 용기라는 중요의 덕을 단순하게 파악할 수 있는 것은 아니다. 때문에 그것은 삶의 쓰고 단 맛을 본 사람만이 깨달을 수 있는 통찰이다. 반면 극단적 사고는 쉽게 감정에 휘둘리는 이른바 초짜들의 행태라고 할 수 있다. 그들에게는 오로지 선명 투쟁 외에는 눈에 보이는 것이 없다. "너 죽고 나 살자"는 벼랑 끝 논리가 전부다. 그렇다면 한국인들은 오랜 고난의 역사를 경험했으면서도 여전히 그것을 삶의 지혜와 통찰로 끌어올리지 못한 셈이다. 한국인들은 도대체 언제쯤 철이 들 것인가?

6. 한국인들과 종교

한국인들의 신심은 남다르다. 한국의 역사를 통해서 볼 때 한 시대를 아우르는 종교가 없었던 때가 없었다. 고운 최치원이 말했듯, 삼국 시대와 그전에는 '풍류도風流道'라는 것이 있었다. 풍류는 동북아에 광범위하게 퍼져 있는 일종의 민간신앙이라 할 수가 있을 것이다. "나라에 현묘玄妙한 도道가 있는데, 이를 풍류風流라 이른다. 이 가르침을 베푼 근원은 선사仙史에 자세히 실려 있는데, 곧 삼교三敎를 포함하여 중생을 교화한다. (國有玄妙之道 曰風流. 設敎之源.. 備祥仙史 實乃包含三敎 接化群生)" (최치원: 〈난랑비서(鸞郞碑序)〉)

삼국을 통일한 신라 시대와 그 이후 이어진 고려 시대에는 고등 종교인 불교가 꽃을 피웠다. 신라는 원효와 의상과 같은 선사들을 배출했고, 고려 시대에도 의천과 지눌과 같은 수많은 선사들을 배출했다. 몽골이 고려를 침공했을 때 고려인들은 부처님의 가피로 외적을 물리치겠다고 팔만대장경을 만들었다. 현실 문제를 종교로 풀려 했던 것은 어리석어 보일지 몰라도 팔만대장경은 세계의 문화사에 남을 만큼 대단한 업적이다. 고려를 멸망시키고 조선을 창건할 때 삼봉 정도전은 성리학을 새로운 시대의 통치 이념으로 정립했다. 조선을 '철학의 나라'라고 할 만큼 성리학은 일반 백성들의 삶에서 시작해 정부의 일을 맡는 관료들을 선발하는 과거 시험에도 적용됐다. 때문에 양반 사대부들은 태어나서 걸음마를 하기 시작할 때부터 서당에서 하늘 천 따지의 천자문을 배우고, 그것을 마치면 소학과 명심보감을 배우고, 좀 더 커서는 과거 시험을 보기 위해 4서 3경을 공부했다.

근대에 이르러 서구의 기독교가 유입되는 것을 조선은 여러 가지 형태로 막았다. 하지만 조선이 망하면서 미국의 선교사를 통해 급격하게 기독교가 유입되고, 망국의 백성들은 의지할 곳 없는 마음을 기독교에 의탁했다. 1907년 1월 평양 장대현교회 장로 길선주의 고백이 기폭제가 되어 일어난 대부흥은 기독교가 급속히 확산되는 계기가 되었다. 기독교는 단순히 종교로만 들어온 것이 아니라 한글 성경을 통해 조선인들의 문맹을 깨우치고, 미국식 교육 제도의 도입을 통해 합리적 사고와 개인주의 사상을 정착시키는 데도 역할을 했다. 식민지 시대로부터 해방이 되면서 북한은 소비에트의 사회주의 이념의 지배를 받고, 남한은 미국의 민주주의와 기독교의 영향을 크게 받았다. 기독교는 조선의 오랜 유교 전통을 하루아침에 뒤집고 친미주의와 함께 한국인들의 의식을 사로잡았다. 서구에서 서서히 생명을 잃어가던 기독교가 유라시아 대륙 동쪽 끝의 한국에서 크게 번창한 것이다.

〈한국인들의 종교 인구 비율, 2022〉

질문: 종교가 있으십니까? (있다면) 종교는 무엇입니까?

비고 : 2018년 1월 이후 한국리서치 정기조사 "여론 속의 여론"의 종교 응답 비율을 연단위로 재계산한 값
조사기간 : 2018년 1월~2022년 11월(20´9년 2월까지는 월 1회, 이후부터는 격주 1회)
응답자 수 : 각 조사별 1,000명, 총 84,000명
출처: 한국리서치 정기조사 여론 속의 여론(hrcopinion.co.kr)

종교별	조사 연도별	백분율
개신교	2015 인구주택조사	20%
	2018년 "여론 속의 여론" 통합	22%
	2019년　〃	20%
	2020년　〃	20%
	2021년　〃	20%
	2022년　〃	20%
천주교	2015 인구주택조사	8%
	2018년 "여론 속의 여론" 통합	12%
	2019년　〃	11%
	2020년　〃	11%
	2021년　〃	11%
	2022년　〃	11%
불교	2015 인구주택조사	16%
	2018년 "여론 속의 여론" 통합	17%
	2019년　〃	17%
	2020년　〃	17%
	2021년　〃	17%
	2022년　〃	17%
기타종교	2015 인구주택조사	1%
	2018년 "여론 속의 여론" 통합	1%
	2019년　〃	3%
	2020년　〃	2%
	2021년　〃	2%
	2022년　〃	2%
무종교	2015 인구주택조사	56%
	2018년 "여론 속의 여론" 통합	48%
	2019년　〃	49%
	2020년　〃	51%
	2021년　〃	50%
	2022년　〃	51%

2018년 이후 주요 종교별 종교인구 비율은 큰 변화없이 유지
개신교 20%, 불교 17%, 천주교 11%. 믿는 종교 없음 50% 내외

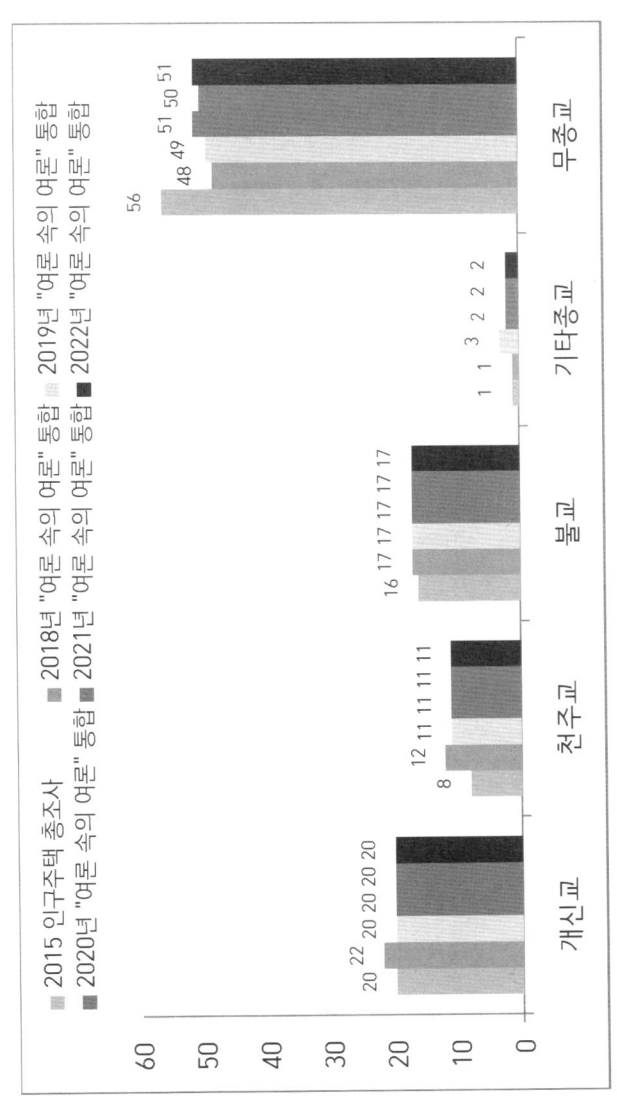

I. 한국과 한국인 비판

2022년 통계에 의하면 2022년 한국인들의 종교 인구 비율은 개신교 20%, 불교 17%, 천주교 11%, 종교 없음 51%라고 한다. 적어도 인구의 절반은 기독교와 불교를 위시한 여러 종교를 믿고 있다. 그만큼 한국인들의 종교 지향성 비율은 21세기에 들어서도 높은 편이다. 하지만 이렇게 종교인들의 비중이 높음에도 불구하고 나는 그런 종교들이 한국인의 의식 구조에 긍정적 영향을 미쳤다고 생각하지 않는다. 고급 종교는 무엇보다 현세의 부를 추구하는 기복 신앙과 다르다. 만일 종교가 인간의 탐욕이나 원시적 본능을 부추긴다면 그런 종교는 오히려 인간의 영혼을 타락시키는 주범이라 할 수 있을 것이다. 그런데 현세를 살아가는 한국인의 대다수에게 가장 중요한 것은 돈이면 다 된다는 생각이고, 어떻게 돈을 버느냐는 것이고, 돈을 벌기 위해서는 수단 방법을 가리지 않는다는 데 있다. 이러한 천민 사상, 배금주의 사상은 종교가 추구하는 정신과 상충 된다고 해도 과언이 아닌데 어떻게 종교인의 비율이 국민의 절반이나 되면서 돈이 국민 대다수의 지상 목표가 될 수 있을까? 오래전 "돈 많이 버세요."라는 광고가 인기를 끈 적이 있었다. 그 당시 인기 가수인 김정은이 나와서 하던 광고인데, 돈 많이 벌라는 것이 TV에서 일상적으로 등장하는지 이해가 가지 않을 정도이다. 이를 보면 한국인들이 진정으로 섬기는 것은 '화폐신'(money god)이 아닐까라는 생각마저 든다. 나는 그런 면에서 한국인들에게 종교는 탐욕을 부추기는 마약이거나 기껏해야 사교를 위한 장식품에 지나지 않는다고 생각한다. 실제로 여의

도의 모 대형 교회는 3박자 복음을 통해 기복을 강조했고, 오늘날 대부분의 교회는 배타적인 신도 공동체 역할도 한다. 그것은 불교나 다른 종교의 경우도 마찬가지이다. 지난 대선 때 등장한 거리의 전 모씨 부류의 기독교인들은 종교인들이 보일 수 있는 최고의 추악한 면모를 부끄러움 없이 보여주기도 했다. 교회의 십자가가 높아가고, 사찰이 불사를 화려하게 해도 한국 사회의 발전과 한국인들의 의식 변화에는 아무런 도움이 되지 못하고 있다. 오직 종교로 위장된 그들만의 리그일 뿐이다.

종교가 주는 깨달음 중의 하나는 우리가 사는 현세의 삶에 우리가 집착할 이유가 없다는 것이다. 금강경에 이런 구절이 나온다. '일체유위법 여몽환포영 여로역여전 응작여시관'(一切有爲法 如夢幻泡影 如露亦如電 應作如是觀) 우리가 살고 경험하는 모든 것은 꿈과 환상과 같고 물거품과 같고 아침 이슬과 같으니, 마땅히 이런 현실을 알아야 한다는 의미다. 이처럼 일시적이고 덧없는 것에 우리가 목숨 걸고 집착할 것이 없다는 것이다. 전도서 1장은 아예 노골적으로 이렇게 이야기한다. "헛되고 헛되며 헛되고 헛되니 모든 것이 헛되도다."(전 1:1-11) 모든 것이 헛된 이런 현실에 집착하는 것 자체가 또 다른 헛된 일일뿐이다. "나 이외 다른 우상을 섬기지 말라"는 십계명조차 사실은 절대자에 비추어 볼 때 하찮고 하루살이 같은 것들에 집착하지 말라는 의미로 읽을 수 있다. 이처럼 상대의 세계를 넘어 절대의 세계를 밝히는 태도는 거의 모든 종교에 일관되고 있다. 만일 우리가 이런 종교의 정신에 투철한다면 현세의 이해관계 때문에 싸울 필요도 없고, 또 이 현세의 것들에 애착을 가질 필요도 없을 것이다. 종교가 그 본연의 자세에 충실했다면 대부분의 종교는 '만인에 대한 만인의 싸움터'(홉스)라고 할 이 현세에 오히려 사랑과 자비의 정신을 일깨우려 했을 것이다. 하지만 한국의 현실에서 종교가 과연 그런 의미를 띠고 있을까?

한국인들은 유독 현세와 그 현세의 재물과 권력에 집착이 강한 민족이다. 대부분 말로는 종교를 믿는다고 하지만 그들에게 내세를 이야기하고 내세의 심판에 대해 아무리 강조를 해도 코웃음도 치지 않는다. 내세의 심판을 생각한다면 현세의 삶을 바르게 살고, 자비와 사랑을 실천하려 할 텐데 이른바 한국의 종교인들에게 그것을 기대한다는 것은 모래사막에서 바늘 하나 찾는 것보다 힘들 것이다. 그런 의미에서 나는 한국인들이 종교를 믿는다 해도 그들의 믿음이 한국 사회의 긍정적 발전에 기여한다고 생각하지 않는다. 혹은 그들의 믿음이 종교적이라는 생각도 하지 않는다. 오히려 마르크스가 이야기했듯, 종교인들을 보면 종교라는 아편에 도취된 모습이 더 잘 연상이 될 뿐이다. 이 말이 맞다면 한국의 종교인들이여! 참으로 부끄럽지 않은가?

7. 한국인들의 자기감정

한국인들이 자기감정을 쉽게 드러내지 않는다는 말에 당장 이의를 제기할 사람들이 많을 것이다. "무슨 말이냐, 한국 사람들처럼 자기감정을 멋대로 털어놓는 사람들이 어디에 있을까? 한국인들은 자그마한 불편도 참아내지 못하고, 주문 시간에 조금만 늦어도 당장 항의를 하지 않는가? 한국 정치가 아주 시끄러운 것도 따지고 보면 자기감정을 너무 드러내기 때문에 나타나는 현상이 아닌가?"

사실 이런 항의도 일리는 있다. 한국인들은 점점 자그마한 불편이나 기다림을 참아내지 못하고 있다. 오래전 국문학자 조윤제 선생은 한국인들을 '은근과 끈기의 민족'이라고 했다. 한국인들의 5천 년 역사를 되돌이켜 보면 고난과 환난의 역사라 할 수 있다. 대륙의 국가들에 무수한 침략을 당했고, 일본의 해적과 임진왜란 등으로 말할 수 없는 고통을 당했다. 과거 몽골족이나 거란족 그리고 여진족이 한때 크게 융성했지만 지금은 중국의 소수 민족으로 연명하고 있거나 약소국가로 명맥만 유지하고 있을 뿐이다. 그들 기준으로 판단한다면 한국도 당연히 국가의 정체성을 상실했을 수도 있지만 한국인들은 일제 식민지 체제하에서도 결코 무너지지 않았다. 이런 것들은 한국인들의 끈기에서 나온 것이라 할 수 있다. 그런데 어느 순간 은근과 끈기가 한국인들에게서 사라져 버렸다. 한국인들은 점점 더 노골적이고 직접적으로 변해가고 있다. 그래서 오늘날 이런 말을 사용하면 지나가던 소도 웃을지 모른다. 그만큼 지난 한 세대를 지나면서 한국인들의 태도가 많이 바뀌었다.

그럼에도 나는 한국인들이 여전히 자기감정을 솔직하게 표현하지 못하고 있다고 생각한다. 한국인들은 공식적인 회의 석상에서는 상급자에 앞서서 절대 발언하지 않는다. 상급자가 말 좀 해보라고 해도 주변의 눈치를 많이 살피다가 마지못해 하는 경우가 많다. 서구인들의 회의 석상하고 절대적으로 대비되는 모습이다. 과거 한국을 방문한 오바마 대통령이 한국의 기자들을 상대로 기자 회견을 할 때 말 좀 해보라고 몇 번을 이야기했어도 나서는 기자가 없었던 해프닝이 벌어진 적이 있다. 해프닝이라고 말은 했지만 어쩌면 한국인들에게는 자연스러운 모습일지 모른다. 기자들은 말과 입으로 먹고사는 부류인데 이들도 집단에 속할 때는 제 속마음을 드러내거나 말을 하지 못하는 것이다. 이런 모습은 젊은 학생들을 접하는 강의실에서도 크게 다르지 않다. 질문 좀 하라고 아무리 이야기를 해도 소 닭 쳐다보듯 멀뚱거릴 뿐 절대 먼저 나서지 않는다. 때문에 강의실에서는 막연하게 하라고 하면 안 된다. 구체적으로 지명을 해야지 그나마 말이 나오는 것이다. 과거 세대는 자기표현법을 몰라서 그랬다고 할 수 있지만 그렇지 않은 젊은 세대까지 이런 모습을 보이는 까닭은 무엇일까?

여기에는 오랜 문화적 전통도 이유가 있을 것이다. 속담에 "절이 싫으면 중이 떠나라"거나 "모난 돌이 정을 맞는다"는 것은 함부로 자기 의견을 내지 말고, 일단 내면 그에 따른 위험

부담이 많다는 의미일 수 있다. "가만있으면 중간은 간다."라는 말도 먼저 나서는 리스크보다는 안정적으로 중간을 유지하는 것이 낫다는 한국적 처세술의 발로라고 할 수 있다. 한국인들의 이런 태도는 한국인들이 가장 많이 이용하는 단톡방에 들어가 보면 알 수가 있다. 카카오톡은 워낙 강력한 메신저에다 쉽게 사용할 수 있어서 한국인들 대부분은 고만고만한 단톡방에 다 들어 있다. 초등학교 동기들에서 중고등학교를 거쳐 대학교 동기방이 있고, 이러 저러 인연만 있으면 다 단톡방을 만들어서 조석으로 메시지나 사진을 교류한다. 학자들도 수많은 학회들을 단톡방을 통해 운영하는 경우가 많다. 그런데 다양한 배경을 지닌 이런 단톡방에서 공통적으로 나타나는 하나의 현상이 있다. 그것은 절대 나서지 않는다는 것이다. 물론 이런 단톡방에 인터넷에 떠도는 이런저런 메시지나 유튜브 동영상들을 퍼 나르는 사람들도 있지만 거의 대부분은 자기 말을 하지 않는다. 이들이 자신의 모습을 드러내는 경우는 관혼상제나 특별한 사건이 있을 경우만 드러난다. 나는 그런 모습을 보면서 두더지 두들기는 게임이 연상이 된다. 머리를 내밀 때마다 두더지를 때리면 점수가 올라가는 것이다. 평소 쥐 죽은 듯 있다가 경조사 공지만 뜨면 갑자기 튀어나오는 모습이 두더지를 연상케 한다. 이런 태도는 이른바 지식인 학자들 방에서도 큰 차이가 없다.

 나는 이런 방에 그냥 있기가 뭐 해서 내가 쓴 글을 많이 올리는 편이다. 사실 글도 하나의 보시나 다름없고, 매일 같이 글을 올리는 것은 그 자체가 보통의 공력이 드는 것이 아닌 만큼 하나의 보살행이라도 해드 틀린 말은 아니다. 돈을 받고 올리는 것도 아니고, 나쁜 글을 올리는 것도 아니다. 오히려 삶과 세계, 인문 교양과 학술 등 다양한 부분의 깊이 있는 글이고, 다른 어느 곳에서도 볼 수 없는 글이다. 그런데 이런 글을 아무리 올려도 거의 반응이 없다. 흔한 말로 '좋아요'라고나 수고했다는 말 한 번 제대로 들은 적이 없다. 오히려 그만 올리라는 비난을 받는 경우도 있다. 한 마디로 뭐 주고 뺨 맞는 격이다. 나는 이런 모습을 보면서 "아, 이들은 간단한 자기감정조차 표현하는 데 익숙하지 않구나. 오히려 자기감정이나 생각을 표현하는 것을 불편해하고 있구나"라는 생각이 든다. 이런 불편한 감정들을 대한다고 내가 위축이 되는 것은 아니지만 도대체 왜 그러는지는 나도 적응이 안 된다. 이런 사정은 학자들과 교수들의 단톡방에서도 반응이 다르지가 않다. 내가 전문 학회의 학자들과 모 대학의 교수들 단톡방에서도 글을 올리면 말이 많이 들린다. 그래도 점잖은 서생이라 항의는 못하고 총무나 회장을 통해 말을 전해오고, 또 개인 톡으로 삼가해 달라는 메시지를 보내오기도 한다. 일반인들이라면 그럴 수도 있지만 학자들이 이런 모습을 보이면 솔직히 할 말이 없다. 학자들은 어떤 경우든 남의 글을 해석하고 비판하는 게 직업인데, 한국의 학자들은 비판이 아니라 '외면'하고 '침묵'하는 것이다. 한국에 전문 학회들이 수없이 널려 있고, 콘퍼런스들이 많이 열려도 제대로 된 논쟁이 없는 것은 아마도 이렇게 자기

감정을 드러내고 자기 이야기를 하지 못하기 때문이 아닐까? 한 마디로 주체성이 없기 때문이 아닐까?

일본인들은 속마음(혼네) 하고 겉마음(다테마에)을 철저히 분리 시키고 있다. 일본인들은 이런 두 가지 마음 사이에 선을 분명히 그어 놓고 있기 때문에 처음 본 사이에는 절대 자기 속마음을 드러내지 않는다. 반면 한국인들은 조금만 마음이 맞아도 바로 속마음을 드러내는 경우들이 많다. 자기 패가 있다는 것은 그만큼 인간관계에서 자기만의 세계, 주체성을 유지하는 면이 많은 것이다. 한국인들이 감정을 드러내는 것은 타인들의 감정에 휩쓸려 버릴 때다. 이때는 너도 나도 할 것 없이 감정 표현이 집단적으로 격렬해진다. 자기감정의 주체성이 없는 전형적 태도이다. 한국에서 너도 나도 할 것 없이 깃발 들고 데모하는 대부분이 이런 집단 감정에서 비롯된 것이 많다. 한국인들에게서 특히 발달한 '눈치'는 이런 집단 감정을 빠르게 이해하는 방식이다. "알아서 기라"고 할 때의 눈치나 "눈치가 빠르면 절간에서도 고기를 먹는다."는 말은 빨리 분위기 파악해서 편승하려는 태도에 가깝다. 그러나 이제 한국인들도 더 이상 남의 감정만 살피지 말고 당당하게 자기감정 표현에 익숙해야 한다. 스스로 생각하고, 자기 생각이나 감정을 선뜻 드러낼 줄 알아야 한다. 한국인들이여, 좀 더 자기감정을 표현해 보도록 하자!

8. 한국인들과 공부

　공자는 평생 배우는 것을 즐겨 했다. 『논어』의 맨 처음에 나오는 구절을 보면 공자가 얼마나 배움을 중시했는지 알 수가 있다. '학이시습지 불역열호學而時習之 不亦說乎'. 배우고 때로 익히니 이 아니 기쁠쏘냐. 어찌 보면 너무나 당연한 것을 너무나 기쁘고 즐겁게 받아들이는 것이다. 『논어』를 읽다 보면 이런 구절이 아주 많이 나온다. 세 사람만 가도 반드시 그중에는 나의 스승이 있다三人行必有我師고 하고, 배우는 데 늘 민첩했고, 아랫사람에게 묻는 것을 부끄러워하지 않았다敏而好學 不恥下問고도 한다. 『논어』술이 편에 보면 발분망식發憤忘食이란 말도 나온다. 공부에 열중하다 보니 밥 먹는 것도 잊어버린다는 뜻이다. 나는 개인적으로 유학儒學에 대해 호의적이지 않은 편이지만 유교儒教가 다른 어떤 종교들보다 배움과 탐구를 강조하고 있다는 것은 인정한다. 일본을 필두로 한 동아시아 3국이 근대화를 빠르게 달성할 수 있었던 데는 유교 문화권에 있는 이들 국가들의 높은 교육열이 밑바탕이 되었었다. 이로 인해 '유교 자본주의'라는 신조어까지 생기기도 했다.

　조선 왕조 5백 년은 유교, 좀 더 정확히는 성리학이 지배했다. 삼봉 정도전은 성리학을 통치 이념으로 삼아 이성계와 더불어 조선을 세웠고, 그 이후 성리학은 나라의 동량지재를 선출하는 과거 시험을 통해 교육 과정 전체를 이끌었다. 양반 집 자재는 걸음마도 제대로 하기 전부터 하늘 천 따 지를 외우고 좀 더 성장하면 소학과 명심보감을 배우고, 점차 사서삼경[4]을 외우다시피 열공 했다. 그만큼 성리학은 조선 조 5백 년 동안 지배적인 통치 이데올로기 역할을 하면서 양반 집 자제와 사대부들의 공부를 자극했다. 한 사람의 자긍심을 키워주는 데는 공부와 책만큼 큰 것이 없다. 이런 높은 교육열과 자긍심 덕분에 한국인들은 20세기 들어 일제 식민지 체제를 경험하면서도 독립을 꿈꿨고, 해방과 남북 전쟁을 겪으면서 초토화된 나라를 빠른 수준으로 근대화시킬 수 있었다. 이런 점에서 한국인들의 교육열이 대단히 높다는 것은 부인할 수가 없을 것이다.

그럼에도 불구하고 나는 "왜 한국인들은 공부를 안 하고 책을 읽지 않는가?"라는 다소 도발적인 물음을 제기하고자 한다. 실제로 한국인들은 시키는 공부는 잘할지 몰라도 스스로 찾아서 하는 공부는 거의 제로 상태다. 대학을 졸업할 때까지 그들이 하는 공부는 대개 입시와 학업을 위한 타율적인 공부였다. 거의 강제적으로 진행되는 이런 공부에서 낙오할 경우 인생의 루저looser가 된다는 강박 때문에 대부분의 학생들은 할 수 없이 공부를 했다. 이런 공부는 초등학교를 들어가면서부터 시작해서 대학 입시를 통과하기 전까지 줄곧 이어지지만 정작 가르치는 선생은 사교육을 담당한 학원 선생들이다. 입시 공부의 강도가 워낙 세다 보니 외국인들은 한국 학생들의 학업 성취도가 대단히 높다고 생각한다. 실제로 단기간의 학업 성취에

---

[4] 7권의 책을 한데 묶어 일컫는 것으로, '사서'는 《논어》·《맹자》·《중용》·《대학》을, '삼경'은 《시경》·《서경》·《역경(주역)》을 의미한다

는 이런 식의 공부가 효과를 낼 수가 있다. 하지만 반강제적인 공부를 하는 학생들에게 공부는 지옥 경험처럼 느껴질 뿐 배우는 것 자체에 즐거움을 느끼는 경우는 드물다. 공부는 즐거움을 느낄 수 있어야 창의적으로 이루어진다. 이런 경험은 상대적으로 자율적인 공부를 하는 대학에 와서도 크게 달라지지 않는다. 학점을 따는 공부는 열심히 할지 몰라도 기초 과학이나 인문 교양 등 창의적인 공부는 도움이 되지 않는다고 외면한다. 외국으로 유학을 간 학생들의 경우에도 이런 현상은 달라지지 않는다. 현지 교수들에게서 공통적으로 나오는 한국 학생들에 대한 평가는 요약정리는 잘 하지만 창의성이 부족하다는 것이다. 그저 타율적으로 주어진 과제를 암기하는 교육에 익숙하다 보니 스스로 생각하고 문제를 찾아가는 능력에서는 절대적으로 부족한 탓이다. 이런 현상은 대학의 문을 벗어나는 순간 더욱 심해진다.

한국인들의 독서량은 이웃 일본과 비교하면 현저히 낮다. 오죽하면 한국에서 출판 산업은 대표적인 사양 산업이 되고 있을까? 학교 문을 나서서 직장 생활을 하다 보면 거의 몸으로 때우는 경우가 많고, 업무와 관련된 경우 아니면 책을 읽는 경우가 드물다. 그들이 읽는 책들은 기껏해야 자기개발서나 실용서들뿐이다. 술 마시고 노래방 가는 시간과 비용에 비하면 책을 사서 읽는 시간은 거의 없다고 해도 과언이 아니다. 이런 생활을 5년만 해도 대학을 졸업한 사람과 졸업하지 않는 사람의 차이는 거의 없어진다. 그럼에도 대학의 학벌은 이 사회를 살아가는 데 무시 못 할 징표이다. 사회에서 이렇게 수십 년 생활하다 보면 인생 살아가는 요령만 늘 뿐 브레인은 거의 깡통 수준이라고 해도 틀린 말이 아니다. 특수한 경험을 하거나 공직자로 지냈던 사람들의 경우에도 이런 현상은 달라지지 않는다. 한 분야에서 수십 년 동안 경력을 쌓았으면 그 분야의 달인이라 할 수 있지만 술 먹고 오로지 인맥으로 승부를 거는 사람들에게 그런 달인의 경지는 언감생심이다. 그러다 보니 퇴직 후에도 현직에서 쌓은 경험을 다음 세대에게 물려주기 위해 회고록이나 자서전을 쓰는 경우가 드물다. 사실 살아있는 경험들에 대한 기록이 없다는 것은 사회적으로 큰 손실이다. 그저 '나 때는 말이야'라거나 '내가 해봐서 아는데' 정도의 주관적이고 사적인 경험들만 내세울 뿐이지 도무지 그것들을 객관화시키려 하지도 않고 할 수도 없다.

공부는 타율적으로 시작할지 몰라도 궁극에서 스스로 문제의식을 느끼고 스스로 할 수 있어야 한다. 일찍이 공자도 말씀했듯, "아는 것은 좋아하는 것만 못하고, 좋아하는 것은 즐기는 것만 못하다知之者 不如好之者 好之者 不如樂之者", 『논어』, 옹야雍也편이다. 공부의 최고봉은 자기 스스로 문제의식을 갖고 파고드는 것이고, 그런 행위를 고역이 아니라 즐기는 것이다. 마치 아이가 모래사장에서 집 짓는 놀이를 하다가 파도가 밀려와서 그 집을 허물어 버려도 울지 않고 오히려 즐기는 것과 똑같다. 철학자 니체는 『짜라투스트라는 이렇게 말했다』라는 책에서 정신의 3단계를 논할 때 아이들의 놀이하는 정신을 인고

하는 낙타의 정신과 비판적인 사자의 정신보다 우위에 놓았다. 그만큼 즐겁게 놀이하는 정신이 창의로 이어질 가능성이 높기 때문이다. 창의적인 학자나 예술가들 중에는 이런 식의 공부에 미친 사람들이 종종 있다. 이런 즐김과 기쁨을 공부하면서 경험해야 비로소 창의적이고 창조적인 성과가 나올 수 있는데, 한국에서는 정반대의 경우가 많다. 2022년 수학의 노벨상이라고 할 펄스 상을 탄 허 준이 교수는 서울대 학부를 무려 6년 만에 졸업했다고 한다. 이 정도면 거의 학습 지진아 수준이라고 하겠지만, 학점 따는 공부에는 전혀 관심을 두지 않고 자기가 좋아하는 것만 공부했으니까 가능한 현상이다. 그의 경우를 일반화시킬 수는 없지만 창의성을 발휘하는 데 무엇이 필요한지는 알 수가 있을 것이다.

한국인들의 높은 교육열은 오히려 창의적인 공부에 방해가 될 뿐이다. 그런 교육은 대부분 강제적인 입시 교육이고, 그것을 해소시켜 주는 것은 문제 풀이 선수들인 학원 선생들이다. 그러니 요령만 배울 뿐 참으로 공부의 맛을 느끼기가 어렵다. 이런 생활을 오랫동안 하다 보니 공부가 얼마나 지겹고 책을 읽는 일에서 어떻게 재미를 느낄 수 있겠는가? 그들에게 학교를 벗어나는 순간은 지옥으로부터의 해방의 순간으로 간주된다. 한국인들이 공부를 지겨워하고 1년에 제대로 된 책 한 권도 읽지 않는 이유이다.

9. 한국인들의 서구 콤플렉스

　근대화를 일본을 통해 타율적으로 경험한 한국 입장에서 원조 격인 유럽에 대해 콤플렉스를 느끼는 것은 당연할 것이다. 유럽은 세계의 다른 어떤 국가들보다 일찍 근대화에 성공하고 그 여세를 몰아서 제국주의적 시장과 함께 식민지 개척에도 성공을 했다. 그들은 단순히 경제적 의미의 근대화에만 성공한 것이 아니라 자유와 민주주의를 지향하는 계몽사상을 만들어 냈고, 근대적 의미의 법과 제도도 만들었다. 이런 근대화는 신흥 대륙인 미국에도 큰 영향을 미쳐서 2차 세계 대전 이후 팍스 아메리카나Pax Americana 체제를 구축하는 데도 기여했다. 때문에 한국에서의 근대화는 유럽과 미국식 발전 모델을 받아들이는 것이고, 그들의 우수한 문화와 사상 그리고 제도를 이식하는 것이었다. 이런 수용은 식민지 체제하에서는 일본을 통해서 이루어졌고, 해방 이후에는 영미권 유학을 통해서 이루어졌다. 당연히 영미권의 사상과 문화 제도 등에 대한 콤플렉스와 맹종이 이루어질 수밖에 없었다. 하지만 거진 100년이 넘는 이런 수용과정과 그에 따른 콤플렉스를 여전히 지속하는 현상에 대해 이제는 반성을 할 때도 되었을 것이다.

　실제로 여러 부문들에서 한국은 서구인들이 탄복할 만큼 괄목할 만한 성과를 거두기도 했다. 전후 세계 최빈국의 상태에서 세계 10위권의 수준으로 발전시킨 경제 부문이 그렇고, 세계 무대에서 거두고 있는 다양한 구기 종목들의 선전과 드라마와 영화 그리고 K-Pop 등 세계를 휩쓸고 있는 한류 문화 등은 이미 상당 부분 서구 콤플렉스를 넘어서 오히려 서구인들을 능가하고 있다. 한국인들의 의식 성장에서 영미권의 팝 문화가 미친 영향은 말할 수 없이 컸다. 비틀즈 등 서구의 수많은 팝 가수들의 곡을 흥얼거리면서 성장을 한 세대들에게 팝은 단순히 외국곡을 넘어서 그 자체 한국인들의 의식 속에 깊숙이 내면화되었다. 그런데 지금은 그것이 역전되어 세계의 수많은 젊은이들이 K-Pop에 빠져 열광하고 있는 현실을 어떻게 이해해야 하나? 때문에 이제는 한국을 단순히 서구를 추종하고 수용하는 후발국가로 간주하기보다는 오히려 새로운 시대의 새로운 문화를 선도하는 국가로 적극 이해할 수도 있을 것이다. 그런데 유독 어떤 분야에서는 여전히 과거의 상태를 벗어나지 못하는 분야가 있다. 내가 보기에는 인문 사회 과학의 사상과 이론 분야가 그렇다. 이들 분야는 여전히 서구의 이론과 사상이 주류를 이루고, 학습과 연구도 주로 유학과 번역을 통해서 이루어지며, 이곳에서 학습한 이들이 대학의 주류를 형성하고 있다. 이런 상태가 근대화 100여 년 동안 한 번도 바뀌지 않고 있다. 그 정도가 막심하다 보니 국문학이나 국사학 그리고 한국 철학 분야에서조차 영미를 위시한 서구의 대학에서 받은 학위를 선호하고 특별히 영어 논문에 가산점을 주기도 한다. 사정이 이렇다면 작금의 상황은 앞으로 수십 년이 지나도 바뀌기가 힘들 것이다. 이른바 일방적인 수용과 재생산 시스템이 굳어졌기 때문에 하루아침에, 그리고 한 두 사람이나 집단에 의해 달라질 수가 없을 것이다. 도대체 왜 이런 상황이 반복이 되고 있는가?

사실 이런 상황은 하루아침에 이루어진 것이 아니다. 국력의 차에 따라 문화나 사상의 이동이 결정되는 것은 무시할 수 없다. 과거 한국이 자신들의 찬란한 문화를 자랑하고 싶다 하더라도 한국은 유라시아 대륙의 변방에서 중국의 영향을 많이 받아 왔다. 한국의 주류 사상을 이루어왔던 불교와 유교가 모두 중국을 통해서 들어왔다. 통일 신라 시절에는 수많은 한국의 스님들이 당나라로 유학가는 것을 당연시했다. 신라의 뛰어난 학자 최치원은 어린 시절부터 당나라로 유학을 가서 그곳에서 선진 유학의 이념을 배우고 성공한 인물이다. 이런 상황에서 토착 불교의 개척자인 원효는 지극히 예외적인 인물이다. 고려에 들어서도 사정은 달라지지 않았다. 이에 반해 고려 중기 이후에 수입된 유학은 토종 유학자 세대들을 양산하면서 서서히 토착화의 기반을 마련했다. 불교와 달리 유학이 빠르게 이런 식으로 토착화된 이유를 밝힐 필요가 있다. 토종 유학자 정도전은 유학을 당대의 시대 상황에 적용해서 새로운 나라 조선의 창업 이념과 통치 원리로 삼기도 했다. 불교 역시 신라의 원효와 이상 이래로 균여, 의천 보조, 일연, 무학 스님 등 뛰어난 스님들을 통해 토착화를 이룩했다. 무엇보다 고려의 불교는 국가의 위난 시기에 팔만대장경을 만드는 등 단순한 수입 불교의 수준을 넘어설 수 있었다. 조선의 유학 역시 비록 교조화되고 폐쇄적인 성리학에 빠지기는 했지만 독자적으로 발전시킨

면이 적지 않고, 퇴계와 율곡 그리고 실학의 다산 등 뛰어난 사상가들을 배출하기도 했다.

하지만 서구의 모델에 따른 근대화 이후 수입된 서양의 이론과 사상에서는 100년이 지나도 과거 불교나 유교에서 보였던 토착적 재해석과 재창조의 면이 거의 보이지 않고 여전히 추종과 수입을 반복하고 있다. 왜 이런 현상이 반복적으로 이루어지고 있는지 참으로 깊은 연구를 요구된 된다. 왜 경제나 과학과 다른 문화 현상 그리고 스포츠 등에서는 서구화의 수준을 넘어서고 있는데 여전히 이론과 사상 분야에서는 단순한 추종과 모방만 이루어지고 있을까? 왜 이 분야에서는 과거의 유학자들이 보였던 중화 사대주의를 극복하지 못하고 여전히 서구 콤플렉스를 반복하고 있는가? 왜 한국의 인문 사회과학자들은 자신들이 처한 이런 상황을 벗어나지 못하고 반복할 뿐인가? 도대체 이런 상황을 극복할 방도는 없는가? 참으로 뼈저린 성찰과 반성이 필요할 때이다.

- 독일계 한국인 이참의 한국인론 -

오래전 〈한국관광공사〉의 사장을 지낸 독일계 한국인 이참 씨가 한국인의 특성을 이야기한 적이 있었다. 그는 독일인에서 귀화한 한국인이었지만 한국인 이상으로 한국과 한국인을 사랑하고 잘 이해했던 인물로 알려져 있다. 그가 한국인을 상대로 강연한 한국인론은 지금 들어도 참으로 정확하게 한국인 상을 그렸다는 생각이다. 그는 '무한한 잠재력을 가진 나라의 답답함' 이란 강연에서 한국인의 특성을 다음 몇 가지로 정리를 했다.

1. 한국은 원래부터 多元主義 문화를 가진 나라다.
2. 한국은 철학과 과학성이 생활 속에 깔려 있다.
3. 한국처럼 다양하고 친근한 자연을 가진 나라는 없다.
4. 한국인들은 공동의 목표가 있을 때는 단결한다.
5. 한국인들은 너무 혈연, 지연, 학연, 당파 중심 사고에 얽매인다.
6. 한국의 개인주의는 미흡함이 있으나 끈기가 있다.

이참 선생의 말을 액면 그대로 받아들일 수는 없어도 그의 한국인론은 한국 사람이라도 충분히 수긍할만하다. 그의 애정 어린 의견과 가감 없는 비판을 받아들일 수 있다고 하면 현재 한국인들이 겪는 어려움들을 적지 않게 바꿀 수 있을 것이다.

먼저 그가 말한 한국의 다원주의와 철학의 일상성, 다양한 자연은 충분히 근거가 있다. 이러한 것들은 한국과 한국인들의 충분히 자랑할 만한 장점인데 정작 한국인들 스스로 모르고 있거나 외면하고 있다. 교토대 철학과 교수 오구라 기조는 『조선 사상사』라는 책에서 한국은 외래 사상을 수용할 때 기존의 것을 내버리고 너무 쉽게 새로운 것을 받아들인다고 지적하면서 그것을 '개변주의改變主義'라고 정리한 적이 있다. 사실 과거 한국의 사상사의 흐름을 살펴본다면 이러한 주장을 뿌리치기는 힘들다. 실제로 조선 시대에는 삼국시대에서 고려 시대에 이르기까지 성황 했던 불교를 내치고 유교를 받아들였고, 근대에 이르러서는 서구의 기독교가 수백 년 동안 조선이라는 나라의 이념 역할을 했던 유교를 내치면서 새롭게 지배 이념과 종교의 역할을 했다. 20세기 이후 서구 사상이 본격적으로 들어올 때도 늘 새로운 철학이나 사상이 들어오면 그 이전의 다른 철학이나 사상은 헌신짝으로 내팽개치는 일들이 이어졌다. 이런 현실은 사상의 역동적 변화라는 장점도 있지만, 사상을 자기 식으로 재해석하고 재구성하지 못해 축적하지 못하는 단점도 있다. 때문에 오구라 기조 식의 주장을 거부하는 일이 쉽지는 않다. 그렇다고 해서 한국인들이 다원주의를 거부하고 획일주의에 빠져 있다고는 생각할 수 없다.

그런 면에서 한국은 원래부터 다원주의 문화를 가진 나라라는 이참 선생의 주장은 한국과 한국사상의 새로운 면을 부각시켜 준다고 할 수 있다. 불교가 들어왔을 때 그 불교가 한국의 재래 사상을 완전히 쫓아내지는 않았다. 오히려 불교는 토착 신앙과 타협을 하고 또 스스로가 토착화를 시도한 면이 많았다. 절에 가보면 절의 뒤편에는 반드시 산신각이 있어 기존의 토착 신을 모시는 전통이 지금까지 내려오고 있다. 신라와 고려 시대에 유행한 팔관회는 재래 민속 신앙과 불교의 팔관재계가 습합된 행사다. 조선시대 유교가 국가의 통치 이념으로 세워졌을 때도 사대문 안에 경국사나 흥국사 등이 그대로 유지되었고, 왕실에서도 불교를 공공연히 숭배를 했다. 불교는 임진왜란처럼 나라가 환란에 빠졌을 때 민관과 합심해서 나라를 지키는 일에 적극 앞섰다. 사실상 조선은 양성적으로는 유교의 이념이 지배를 했지만 음성적으로 불교가 민간인들의 마음과 생활 속에 깊이 뿌리를 내리고 있었다. 그런 의미에서 본다면 오구라 기조 교수가 말하는 사상의 완전한 개변은 아니라는 것이다. 이를테면 불교와 유교는 영역을 달리해서 공존한 것이라 할 수 있다. 기독교가 새로 이 땅에 들어왔을 때 도탄에 빠진 민중이 기독교의 계몽과 사랑의 정신에 크게 기울었던 것은 사실이다. 하지만 기독교 역시 한국의 토착 사상이나 기존의 종교와 타협하면서 공존을 하고 있다. 그런 면에서 한국은 유럽이나 미국 혹은 중동이나 아시아의 다른 국가들과 달리 불교와 유교와 기독교가 공존하는 드문 나라들 중의 하나이다. 다른 많은 국가들에서는 종교적인 갈등과 분열 때문에 내전의 고통과 상처가 크지만 한국에서 종교 전쟁을 겪었다는 이야기는 없다. 그 점에서 한국은 외래의 다양한 사상을 내면화하고 토착화하면서 기존 사상과도 다양하게 공존하는 터전을 마련했다고 말해도 틀린 말은 아닐 것이다. 다양성과 다원주의는 공존과 소통이 필요한 현대에서 가장 요구되는 덕목이라 할 수 있는데, 이 점에서 한국은 대표적인 국가라고 자랑할만하다.

　불교나 유교는 종교적 측면이 강하지만 그 이상으로 인간과 세계에 대한 깊은 이해에 기초한 철학이라 할 수 있다. 불교의 대표적 교리인 사성제四聖諦는 고통의 원인에서부터 그것의 해결 방법을 가르쳐 주는 지혜이자 빼어난 철학이라 할 수 있다. 인의예지仁義禮智에 기초한 유교 역시 인간에 대한 사랑과 인간들 사이의 규범적 관계를 핵심 사상으로 간직하고 있다. 유교가 최고의 목표로 삼는 내성외왕內聖外王은 안으로는 성인의 경지에 이르기 위한 자기 수양과 지혜를 밝히고, 이를 통해 밖으로는 국가를 경영하는 통치자의 덕목을 제시하고자 했다. 이런 맥락에서 본다면 불교와 유교는 기독교나 이슬람교 보다 훨씬 종교적 색채를 넘어서 철학에 가깝다 할 것이다. 물론 민간에서 생활화한 불교와 유교는 민중종교의 형태로 유지되어 온 측면도 무시할 수 없다. 한국인들은 천년이 넘도록 불교를 생활화했고 유교는 5백 년 가까이 개인의 삶의 원리이자 국가의 이념으로 받아들였다. 때문에 이참 선생이 한국은 철학이 생활 속에 뿌리내리고 있는 철학 국가라는 말이 틀린 말도 아니다. 문제는 이처럼 철학을 생활화한 민족이 정작 그것을 모른채 외면하고 있다는 것이 안타까울 뿐이다.

　이참 선생이 한국인을 한국의 대표적인 토종견과 비교한 것은 상당히 설득력이 있다. 진돗개는 군견으로 훈련을 받는 셰퍼드처럼 덩치가 크지 않지만 실전에서는 셰퍼드를 제압할 만큼 용맹하고, 주인의 마음을 읽을 만큼 지능이 높고 주인에 대한 복종심도 강하다. 진돗개는 산과 강, 계곡과 바다가 두루 존재하는 한반도의 다양한 지형에서 오랫동안 생활하면서 발달시킨 판단력으로 뛰어난 생존 능력과 전투 능력을 가지고 있다. 그런데 이런 진돗개들이 다른 개들과 크게 다른 점이 있다. 여러 마리의 개들을 한 우리에서 키우다 보면 반드시 그중에서 가장 쌈을 잘하는 우두머리 개를 중심으로 서열이 정해진다. 그리고 이런 서열을 바탕으로 개들 간에 질서가 유지되기 때문에 처음과 달리 더 이상의 싸움이 일어나지 않는다. 그런데 유독 진돗개들 사이에서는 이런 서열이 유지되지 않는다고 한다. 진 놈은 결코 굴복하지 않고 다시 대들기 때문에 언제나 싸움이 반복된다는 것이다. 진돗개는 우두머리가 될지언정 결코 꼬리가 되지 않으려는 습성 때문이라고 한다. 이런 진돗개의 습성이 한국인들의 저항 정신에도 그대로 나타나고 있다. 가령 일본만 해도 정치는 엘리트 정치인들에게 맡기고 그들의 결정을 순순히 따르는데, 한국인들은 어떤 경우든 정치 엘리트들의 특권이나 과오를 인정하지 않는다. 과거 오랜 민란이 반복되고, 일제의 식민 통치를 받을 때도 끊임없이 저항 운동이 일어난 것이 그렇고, 오늘날에 진영 간에 갈등이 극대화되는 경우도 비슷하다. 이러한 현상들은 진돗개들이 서열을 인정하지 않고 싸우는 모습과 크게 다르지 않아 보인다는 것이 이참 선생의 이야기다. 그런데 이런 진돗개들이 서로 협력하는 경우가 있는데, 그것은 자신들보다 덩치가 큰 멧돼지나 기타 맹수들을 사냥할 때 그렇다고 한다. 안에 가두어 두면 서로 싸움을 일삼는데, 공동의 적이나 목표가 있으면 상호 협력을 잘 한다는 것이다. 마찬가지로 한국인들 역시 내우외환의 위기나 경제 개발과 민주화 운동과 같은 공동의 목표가 있었을 때는 서로 간에 단합을 잘해왔다. 과거 IMF라는 국가 위기를 겪었을 때 전국민이 나서서 장롱 속의 돌반지 까지 꺼내 놓은 현실은 IMF 정책 당국자들 뿐만 아니라 전세계인들에게 깊은 감동을 주기도 했다. 때문에 한국인들의 강한 에너지는 끊임없이 외부로 발산할 수 있는 통로를 마련하는 것이 내부의 갈등을 줄이는 방법이라 할 수 있다. 문제는 무엇이 이런 통로 역할을 할 수 있을까에 있다고 할 것인데, 그것을 지식인들이 기획하고 경제인들과 정치인들 그리고 문화 예술인들이 마련해야 하지 않을까?

에너지 발산을 위한 통로가 있다고 한다면 한국인들의 단점으로 꼽히는 혈연이나 지연 그리고 학연과 같은 우물 안 개구리식의 사고를 벗어날 수도 있을 것이다. 조선 시대에 유독 문중과 당파를 중심으로 분쟁과 당쟁이 심했던 것도 따지고 보면 사대 중화주의와 성리학을 신봉하면서 강한 폐쇄 국가로 만들었기 때문이라고도 할 수 있을 것이다. 때문에 이런 발산을 통로를 다변화하는 데는 무엇보다 개방성과 다양성이 요구되고, 내부 지향보다는 외부 지향으로 바꾸기 위해 국가와 국민들의 사고와 정책을 펼칠 필요가 있다. 오늘날 K-Pop이나 K-Drama 등 이른바 K-Contents들이 전 세계인들의 환호를 받는 것은 외부 지향적 통로의 좋은 모범이 될 수 있을 것이다. 여기에 덧붙인다면 이런 K-Contents들 속에 세계의 약소국가들을 돕고 키울 수 있는 도네이션Donnation의 정신도 포함시키면 좋을 것이다. 이런 진취적 사고를 가지고 외부로 에너지를 발산한다면 한국인들은 지금처럼 진영 간의 소모적인 분열과 갈등을 넘어 세계를 리드할 수 있는 선진 국가이자 선진 국민들이 되는 것도 충분히 가능하다.

10. 조선과 북한의 '초록이 동색'

다소 비약이 있을지 몰라도, 나는 "조선을 보면 북한이 보이고 북한을 보면 조선이 보인다"라는 생각을 한다. 시간 차는 있을지 몰라도 그 두 나라는 닮아도 한참 닮아 있다. 한쪽은 선비들의 문화 국가이고, 다른 쪽은 핵에 올인하는 병영국가인데 어떻게 닮았다고 하냐는 반론이 있을 수 있다. 하지만 그것은 외견 상의 문제이고 안으로 들여다보면 비슷한 면이 아주 많다. 두 나라는 왕이 지배를 하건 수령이 지배하건 일인 통치에 기반한 봉건 국가라는 점에서 하등의 차이가 없다. 조선을 사대부 국가라고 할 것인가 아니면 왕이 지배한 나라라고 할 것인가에 대해 논쟁들이 많았지만 조선의 왕은 조선을 세웠을 때부터 조선이 망할 때까지 여전히 유지되었다. 북한은 김일성 주석이 세운 이래 김정일로 이어지고 지금은 3대째 김씨 집안인 김정은이 통치를 하고 있다. 이러한 북한의 지배체제는 북한이 망할 때까지 달라지지 않을 것이다.

조선은 양반 사대부의 국가였다. 조선은 사농공상에 기초한 엄격한 신분제로 유지된 국가였다. 책상물림이라 할 수 있는 선비들이 최정상에 있고, 실질적으로 나라의 부를 창출할 수 있는 공업과 상업에 종사하는 신분들은 사회의 기층을 이루고 있다. 구조적으로 조선은 부를 창출하고 축적할 수 있는 사회 시스템하고는 거리가 멀었다. 한 국가의 부는 제조업과 상업이 활성화될 때 가능하다. 농업은 자급자족 경제에 어울리기 때문에 새로운 부를 창출하는 데는 한계가 있다. 물론 농업 생산성이 높아야, 한 국가의 경제체제가 안정적으로 운영될 수 있다. 제조업은 한 사회의 부를 창출하는 산업이고, 상업은 그것을 유통 회전시킴으로써 부를 확대 재생산할 수 있는 기반이다. 그러므로 한 국가가 백성들의 삶을 윤택하게 하고 부국강병을 지향하고자 한다면 반드시 농업 이상으로 상공업을 중시해야 한다. 그런데 조선은 국가를 설계할 당시부터 생산과는 전혀 상관없는 사대부들을 국가의 최상층에 놓고, 정작 부를 생산하고 확대하는 상공업 계층을 천대했다. 그런 면에서 조선이 가난한 국가일 수밖에 없는 원천적 이유가 있고, 이런 국가를 운영하기 위해서는 백성의 고혈을 행주 짜듯 짜내야만 가능하다. 국가의 세수원이 백성들이 내는 세금인데, 정작 이 세금을 낼 수 있는 양반 사대부들은 납세와 국방의 의무를 벗어나게 하고, 가난한 백성의 등골만 휘게 만들었던 것이다. 후기로 갈수록 세정 문란으로 인해 도저히 먹고살 수 없는 백성들이 자연 발생적인 민란을 일으키게 된 것도 조선이 이처럼 국가 체제를 잘못 설계한 때문이다.

북한 체제도 조선과 크게 다르지 않다. 1945년 일제에서 해방된 이래 북한은 세계 최빈국 상태에 있고, 남한은 세계 10대 국가의 위치에 있다. 왜 똑같은 민족이 거의 똑같은 상태에서 출발하고, 내전으로 인해 똑같이 폐허가 된 상태에서 출발한 나라가 수십 년의 세월을 지내면서 이렇게 달라지고 차이가 질 수가 있는가? 그것은 다른 모든 문제를 제쳐 놓고 국가

체제의 설계와 운영 방식에 있다고 할 것이다. 북한은 "사람이 모든 것의 주인이며 모든 것을 결정한다."라는 주체사상의 원리에 따라 인간이 사회 건설의 전면에 나서고, 자립경제를 표방했다. 그들은 '천리마 운동'과 같이 인간 주체의 능동성을 강조하면서 경제적 생산성을 비약적으로 끌어 올림으로써 초기에는 사회주의 국가의 경제적 기반을 다질 수 있었다. 하지만 생산성을 끌어올리는 데는 인간의 주관적 노력뿐만 아니라 생산 방식과 생산 도구 그리고 생산된 것을 분배하고 유통하는 방식도 중요하다. 인간 주체의 정신과 노력은 일정 부분에 이르기까지는 큰 힘을 발휘할 수 있지만 그것만으로 모든 문제를 해결하려 한다면 한계에 부딪힐 수가 있다. 아울러 대외 개방과 타국과의 무역 교류는 한 국가의 부의 축적과 확대에 절대적으로 필요하다. 그런데 북한이 자립경제를 내세우면서 대외무역과 개방과는 거리가 먼 정책을 세웠던 반면, 남한은 수출 주도형 개방 경제를 앞세웠던 점에서 두 체제는 크게 달랐다. 이런 정책적 차이가 시간이 갈수록 남북 간의 경제력의 차이를 크게 벌려 놓았다. 수십 년이 지난 지금은 아예 비교조차 힘들다. 게다가 북한은 6.25 전쟁 당시 미군에게 참혹한 경험을 한 탓에 경제력의 상당 부분을 국방 예산에 투입하는 병영 국가를 최우선 목표로 두었다. 가뜩이나 어려운 경제에서 이렇게 과도하게 군비에 예산을 투입하는 것 자체가 북한 경제의 발전의 족쇄가 된 것이다. 김일성 사후 김정일이나 김정은 모두 핵이 자신들을 지켜줄 것이란 도그마적 확신에 갇혀서 핵무기 개발에 전력 질주했다. 지금 북한은 상당 수준의 핵과 미사일을 갖추고 있지만, 사실 이런 악마의 무기들은 사용하는 순간 국가의 존립이 위태로워질 뿐이다. 사용하지 못하는 핵에 목숨을 걸고 있는 형국이다. 핵이 북한의 존립을 최소한 도로 지켜줄지는 몰라도 인민들의 경제적 삶은 과거 도탄에 빠진 조선에 비해 더하면 더했지 결고 모자라지 않는다. 결국 조선 못지않게 북한 역시 물기 없는 행주를 쥐어짜듯 인민의 삶을 최악으로 몰아갈 뿐이다.

조선이나 북한이나 모두 아주 가난한 국가였다. 조선은 유학자 정도전이 성리학의 원리에 따라 설계한 전형적인 철학 국가였다. 반면 북한은 김일성이 주체사상에 따라 건설한 국가이다. 둘 다 철학적 이념을 바탕으로 건설하고 운영했다는 점에서 공통적이라 할 수 있다. 주희가 완성한 성리학은 주렴계의 태극도설에서 보듯, 무극이 태극이고, 시생 음양의 양의가 나오고, 양의로부터 4괘가 나온다. 이로부터 인간과 자연 세계를 통일적으로 구성하는 우주론이 나왔다. 사실 우주 자연과 인간 세계가 하나의 통일적 원리에 의해 지배된다는 전제 자체가 문제 될 수 있다. 동중서가 '천인감응설天人感應說'을 주장한 이래 동양의 자연철학이나 우주론에서는 인간과 자연의 통일성을 당연시하고 있지만, 이러한 전제는 증명될 수 있는 것이 아니다. 이러한 원리를 상정할 수 있어도 인간 세계의 복잡다단한 문제를 이러한 원리로 환원한다는 것은 무리다. 성리학은 검증되지 않은 통일적 원리에 기초해서 항상 인간 세계의 최고점과 최저점을 상정한 셈이다. 이러한 최고점에는 중국의 왕이 될 수도 있고, 조선에 한정하면 조선의 왕이 될 수가 있다. 그리고 최저점에는 최하류의 인생이 놓일 수도 있다. 이렇게 인간 세상을 하나의 거대한 봉건제적 계층구조로 구성하고 있다.

성리학과 달리 북한의 주체사상이 북한을 건설할 때부터 정립된 것은 아니다. 주체사상은 6.25 민족 전쟁으로 초토화된 북한 사회를 건설하는 과정에서 탄생한 사상이다. 한 나라를 건설할 때 건설 주체를 상정하는 것은 지극히 당연할 수 있다. 이러한 주체의 노력과 이념이 국가의 건설을 획기적으로 앞당길 수도 있고, 일을 체계적으로 할 수도 있다. 사실 주체사상은 무인도에 표류한 로빈슨 크루소아 처럼 모든 것을 자신의 머리와 손발을 가지고 구성하고자 하는 생각과 같다. 이 소설은 서구가 봉건체제를 무너뜨리고 새로운 사회를 건설하면서 등장한 자유로운 개인의 모델이기도 하다. 데카르트의 코기토 Cogito나 경험을 총괄하는 칸트의 이성적 주체도 같은 의미를 띠고 있다. 하지만 근대적 주체의 한계도 분명하다. 이런 주체는 자기가 세운 프레임이나 세계관이 전부인 줄 알고 자만과 아집에 갇힐 수 있다. 북한은 주체사상에 입각해 "사람이 모든 것의 주인이며 모든 것을 결정한다."라는 철학적 원리에 따라 세운 나라다. 김일성은 "주체사상이란 한마디로 말하여 혁명과 건설의 주인은 인민 대중이며 혁명과 건설을 추동하는 힘은 인민 대중에게 있다는 사상이다."라고 주장한다. 인민 대중이 주체라는 말은 서양의 근대화 과정에서 등장하는 자유로운 개인과 대비되는 집단적 주체라고 할 수 있다. 주체성은 동일해도 개인적 주체와 집단적 주체로 나뉜다. 개인적 주체가 자기의식의 폐쇄성으로 인한 도그마에 빠질 수 있듯, 집단 주체도 사상적 도그마에 빠질 수 있다. 조선이 성리학의 도그마에 갇혀 폐쇄주의로 일관했듯, 이들은 공통적으로 도그마에 빠진 것이다.

11. 획득형질이 유전되는 괴이한 사회

한국인들의 첫 만남에서 빠지지 않는 물음이 있다. 고향이 어디고, 나이가 몇이며, 학번이 어떻게 되고, 학교는 어디를 나왔냐는 거다. 워낙 연줄이 중요한 사회이다 보니 이런 식으로 일단 고향과 나이 그리고 출신 학교로 상대가 나와 연줄이 이어지는지를 확인하는 것이다. 연줄만 확인하면 좋은데 이런 세 가지 연줄에 기초해서 바로 위계hierachy를 설정한다. '아, 같은 고향 사람이네'라고 확인이 되면 그다음부터는 일사천리다. 어제까지 생면부지이던 사람이 하루아침에 이웃사촌들보다 더 가까워지는 것이다. 아울러 출신 학교를 물으면서 동문 여부만 확인하는 것이 아니라 상대의 가방끈의 길이와 레벨까지 평가하는 것이다. 우리 때는 지방의 명문 국립대들이 있어서 어느 정도 다양성이 있었는데, 요즘 젊은이들은 서울인 대학과 지잡대로 훨씬 단순화시켜 버린다. 그래서 한국인들의 첫 대면은 단 몇 분이면 이런 견적서를 교환하면서 상대를 내 편 네 편으로 편가르고 위아래를 따지는 과정이라 할 수 있다. 이런 식의 행태는 나이를 많이 먹었건 젊었건, 한국 안에서이건 아니면 유학을 가거나 해외에서 사람들을 만나건 간에 거의 변함이 없다. 한 번은 내가 해외에서 동문들 모임에 참가했을 때 그 자리에 주재국 대사의 부인이 동문의 일원으로 참석한 적이 있었다. 외국에서 대사의 지위는 본국의 대통령에 버금갈 정도라 할 수 있고, 그 부인은 이른바 영부인이라고 해도 과언이 아니다. 그런데 이런 것들이 동문회 모임에서는 전혀 통하지가 않는다. 그녀는 위로 2~30년도 더 된 선배들 틈에 끼여 말 한 마디 제대로 못하고, 비슷한 또래들과 모임 뒷치닥거리만 하다가 나중에 전체 사진을 촬영할 때는 뒷자리 옆으로 비껴서 찍었다. 한 마디로 대사 부인으로서의 존재감을 전혀 과시하지 못한 것이다. 그만큼 안에서나 밖에서나 동문들 간의 학번에 따른 서열을 무시하지 못한 탓이다.

내가 아는 모 선배 교수는 독일의 모 대학에서 70~80년대 유학 생활을 할 때 같은 한국의 유학생들 모임에 진저리를 친 적이 있었던 경험을 나에게 토로한 적이 있었다. 공부하러 외국에 나왔으면서도 여전히 한국의 출신 대학을 따지고 학번을 따지면서 끼리끼리 놀더라는 것이다. 게다가 그가 있었던 독일의 그 지역에는 한국에서 광부로 일하러 온 사람들도 많았는데 그 경우는 가방끈 길이와 직업마저 문제가 됐었다고 한다. 7~80년대는 한국의 유신 독재와 광주의 경험에 대해 비판하고 저항하는 운동이 해외에서도 적지 않았는데, 그런 진보적인 그룹 안에서도 여전히 학벌과 대학 그리고 학번 등이 보이지 않는 장벽과 차별의 원인이 되곤 했다. 그래서 나중에는 내부에서 출신 학교와 학번을 절대 밝히지 말자는 다짐까지 했다고 한다. 한국인들의 이런 패거리 의식과 서열 의식은 "한 번 해병은 영원한 해병이다"이라는 말을 불문율처럼 생각하면서 제대하고 나서도 자기들 집단을 과시하는 모자와 군복을 입고 지역마다 치안을 맡고 있는 해병대 출신들의 행태를 이해하기가 쉽지 않다. 마찬가지로 청소년기의 특정 시점에 그저 암기식의 공부를 해서 얻은 점수를 가지고 대학을 들어간 것까지는 그나마 인정해 주겠지만, 그것이 평생의 삶을 평가하는 절대 기준처럼 작동하는 사회도 괴기할 만큼 문제이다.

한국에서는 어디 대학을 나왔느냐가 나중에 박사학위를 받고 대학교수로 임용을 받을 때도 절대적으로 영향을 미치는 경우가 비일비재하다. 이른바 선진국의 대학들에서는 소속과를 옮기고 대학을 옮길 때마다 오히려 긍정적인 어드밴티지를 받는데, 한국에서는 오히려 마이너스로 작용하는 경우가 훨씬 많다. 이를테면 비서울대 출신이 대학원을 서울대로 진학해서 그곳에서 학위를 땄거나 아니면 외국 유학을 가서 땄을 때도 중요한 평가 기준은 학부를 어디 나왔느냐에 있다. 이런 이야기가 전혀 농담이 아니다. 몇 년 전 서울대 학부에서 순혈주의 운운하면서 석박사 과정을 다니는 비서울대 출신들을 인정할 수 없다는 식으로 학내 게시판에서 논쟁이 벌어진 적이 있었다. 그래도 명색이 한국에서 최고 명문 대학이라고 하는 곳에서 이렇게 유치 찬란한 출신 논쟁을 하는 것을 보면 그들의 저급한 의식 수준 이상으로 이런 학벌 의식이 얼마나 무의식적 수준에서까지 작동하는지를 짐작해 볼 수 있을 것이다. 한국에서도 내로라하는 철학자 한 분은 자신이 서울대에서 박사학위를 받고 학문적 업적과 활동이 많음에도 불구하고 대학에 자리를 못 잡는 이유를 학부를 서울대 나오지 못한 탓으로 돌려서 말한 적이 있다. 본래 "획득형질은 유전되지 않는다"는 것이 생물학의 불변의 법칙인데, 한국인들의 정신세계에서는 절대적으로 그리고 대를 이어서 유전되고 있다고 해도 틀린 말이 아니다. 이런 괴이한 의식이 포스트모던 논쟁도 더는 힘을 잃고, 21세기 4차 산업 혁명의 문턱에 들어서서 인공지능과 빅데이터 운운하는 시대에도 세대를 불문하고 여전히 강력한 영향을 미치고 있다는 것이 놀라울 뿐이다. 당신들은 내 이야기가 억지로 꾸며댄 것으로 생각하는가?

모 지방대 출신의 젊은 여성 정치인으로 지난 대선에서 20대 여성의 돌풍을 일으킨 박지현이 민주당의 비대위 공동위원장을 맡자 그에게 당장 시비를 거는 말이 20대 여성이라는 말 이상으로 지방대 출신이라는 것이다. 요즘 젊은이들의 기준에 비추어 본다면 지잡대 출신에다가 여성이 어떻게 SKY가 즐비한 남성들의 정계에 명함을 내밀 수 있느냐가 그들의 절대 관심사인 것이다. 그들에게는 정치를 어떻게 하느냐가 문제시되는 것이 아니라 가방끈이 어떤 색깔이고 얼마나 기냐가 더 중요하다. 천안함 몇 주기를 잘못 말했다고 해서 정치인 자격이 없다고 명분을 제시하지만 사실 그 이면에는 지방대와 젊은 여성에 대한 경멸이 깔려 있다. 그러나 그런 암기식의 지식은 구글과 빅데이터가 지배하는 시대에 조금도 의미를 가질 수 없는 것이다. 오직 암기식 교육으로 엘리트 코스를 거친 헛똑똑이들에게만 의미가 있을 뿐이다.

지난 수십 년의 한국 정치사를 돌이켜 보면, 이런 가방끈을 가지고 유신과 군사정권이 끝난 이래 거의 30여 년 이상을 서울 법대 출신들이 한국 정계를 장악하고 지배를 해왔다. 하지만 그들은 회전문과 전관예우를 이용해 한국 정치의 보수 기득권 세력을 형성하는 데 앞장섰을 뿐이다. 오히려 이 한국 정치를 개혁하고 선도한 것은 김대중이나 노무현처럼 고졸 상고 출신이 더 큰 역할을 해왔다고 해도 틀린 말은 아니다. 그리고 무엇보다 정치라는 것은 그저 학교에서 암기식으로 배운 지식이나 육법전서를 달달 외어서 잘할 수 있는 분야가 아니다. 정치는 오래전 아리스토텔레스가 말한 것처럼, 필연적 지식을 다루는 계산적 이성의 수준을 넘어서 인간, 그것도 사회적 인간의 다양한 감정과 정서, 쓰고 단 경험, 대중과의 교감과 리더십, 고통과 인내심 등 수많은 복합적 변수를 담고 있다. 오죽하면 아리스토텔레스는 정치는 인생의 쓰고 단 경험을 어느 정도 겪은 50대에 들어서야 알 수가 있다고 했겠는가? 그런 의미에서 정치적 지혜는 논증적이고 필연적인 지식을 말하는 에피스테메episteme가 아니라 개연적 지식인 독사doxa도 포괄하는 프로네시스pronesis라고 아리스토텔레스는 말했다. 프로네시스는 동양식으로 표현하면 새옹지마塞翁之馬를 깨달은 데서 오는 실천적 지혜라 할 수 있다. 때문에 철학자로서 솔직히 그리고 단도직입적으로 말하면, 정치는 그냥 암기식 교육에 일찍부터 길들여진 SKY 출신들에게는 어울리지97 않는다는 것이 나의 생각이다. 만약 이런 나의 도발적인 단언이 불편하다고 하면 다음의 주장에 대해 논박을 해보라!

무엇보다 먼저 이들은 성장 교육의 과정에서 No라고 말한다든지 일탈을 경험하지 못한 범생이들에 가깝다. 공부 잘하는 아이들일수록 부모나 선생의 말을 잘 따르는 순둥이일 경우가 많다. 머리가 아주 비상해서 일반적 잣대로 평가하기 어려운 경우를 뺀다면 공부를 잘하는 대부분의 아이들은 타자의 욕망과 명령에 잘 순응하면서 살아왔다. 그들은 이 사회의 성공의 법칙이 무엇이고, 그것을 어떻게 내면화해야 남보다 앞서는지 누구보다 잘 알고 있다. 다시 말해 이들은 이 사회가 정립해 놓은 세속적인 규칙을 수동적으로 받아들이는데 익숙한 존재들이다. 때문에 이들은 부모나 선생이 시키는 일을 수동적으로 잘할지 몰라도 자기 스스로 생각한다든지 변화와 개혁을 시도한다는 것은 언감생심 꿈도 꾸지 못한다. 하지만 지금 시대는 수동형의 순응적 인간보다는 능동적이며 주체적·창의적이고 도전적인 인간을 더 많이 필요로 한다. 이런 요구는 변화무쌍한 한국 정치에서 특히 많은 데 도대체 순둥이 엘리트들이 어떻게 그런 일을 할 수가 있겠는가?

둘째로, SKY 출신들은 학교의 문턱에 들어서면서 나설 때까지 우수한 학교 성적을 쟁취하기 위한 무수한 경쟁에서 살아

남은 자들이다. 이 과정에서 그들은 오로지 자기만 알고 남을 배려해서는 안 된다는 것을 생존의 기술이자 법칙으로 귀에 따갑도록 들어왔다. '아생살타我生殺他'(내가 살기 위해서는 남을 죽여야 한다)는 그들의 삶을 지탱해온 제1원칙이다. 성장과정에서 이런 식의 생존경쟁에 익숙한 이른바 엘리트들에게는 자기 독선적인 이기심이 일반 대중들보다 훨씬 두드러지게 나타난다. 그들은 가정과 학교가 자기를 중심으로 돌아가고 있다는 착각에 빠지는 경우가 너무나 많아서 정반대의 현상이 벌어지면 이해를 하지 못하거나 오히려 그런 현상이 아주 잘못되었다고 생각하기가 십상이다. 치열한 생존경쟁의 과정에서 늘 일등만 꿈꿨던 이들이 자기중심적이고 독선적인 태도를 보이는 것은 너무나 자연스럽다. 반면 정치는 다른 어떤 분야보다 타협과 연대 그리고 배려와 공생을 요구하는 분야인데, 독선적이고 오만한 인간들이 어떻게 공정하고 정의로운 사회와 국가를 만들어갈 수 있겠는가? 이런 인간들로 채워진 한국의 정계가 타협과 협력보다는 유아독존식의 일방통행과 투쟁으로 점철된 현상을 지난 수십 년 동안의 정치사가 웅변해 주고 있다.

마지막으로, 이런 독선적이고 자기중심적인 인간들이 끊임없이 현대 세계에서 요구되는 변화와 개혁을 감당할 수 있겠는가? SKY 출신의 법조인들이 정계에 들어오는 관문은 대개가 보수고, 들어와서도 대부분은 보수 정당에 터를 잡는 경우가 그 때문이다. 비근한 예로 일본의 엘리트 가문이나 학벌 중심의 정치가 대표적으로 그런 경우인데, 오늘날 일본에서 벌어지고 있는 현상을 보면 그 폐해가 이루 말할 수 없다. 이들 엘리트 가문과 학벌 출신의 정치인들이 대를 이어 자민당의 핵심 기득권 세력을 유지하면서 일본의 개혁과 개방을 철저히 외면하고 극우 보수주의로 이끌어 온 결과 이제 일본은 사회 전반의 탄력을 상실하고 이류 국가로 전락하고 있다. 지금 한국 정치가 엘리트 중심을 벗어나 가방끈이나 지역을 불문하고 역량 있는 새로운 피를 수혈하지 못한다면 한국 정치도 머지않아 일본의 나쁜 길을 답습하게 될 것이다. 그래서 더욱더 정치는 엘리트주의로 길들어진 SKY 출신에게는 어울리지 않는다.

나도 이런 나의 주장이 지나친 일반화라는 것을 잘 알고 있다. 하지만 한국 사회의 전근대적이고 비합리적인 차별을 전면에 드러내기 위해서 다소 극단적인 주장을 했다. 앞으로 다가오는 시대는 점점 더 변화무쌍할 가능성이 높다. 그만큼 짧은 기간의 배움에서 얻는 라이선스보다 학교 밖의 교육이 더 중요해지는 세상이 다가오고 있다. 지금 세계적인 기후 변화 운동을 이끌고 있는 스웨덴의 어리지만 아주 당찬 여성 툰베리가 그런 모습을 앞장서 보여주고 있지 않은가?

12. 어떻게 일으켜 세운 나라인데[5]

　　러시아의 침공을 받은 우크라이나를 보다 보니 약소국가의 비애와 그 국민들이 겪는 고통이 나에게도 아프게 느껴진다. 나라가 적의 군화 발에 밟히는 슬픔은 겪어보지 않은 국민들은 알지 못한다. 이스라엘은 나라를 잃고 2천 년 동안 전 세계에 흩어져 디아스포라의 고통을 겪었다. 그들이 사방에 아랍 국가들에 둘러싸인 상태에서 죽자 사자 나라를 지키려고 애를 쓰는 것은 자신들의 조상이 겪은 나라 잃은 슬픔을 다시는 겪고 싶지 않아서 일게다. 이런 이야기가 한국인들에게는 결코 남의 이야기가 아니다. 바로 한 세기 전만 하더라도 조선은 강대국 틈바구니에서 자신들의 운명이 좌지우지되는 경험을 겪었고, 마침내 일제의 식민지 치하로 들어가는 치욕도 경험했다. 나라를 잃고서 우리 선조들은 만주 벌판을 떠돌며 풍찬노숙하면서 배를 곯기도 했다. 한국인들은 유태인 다음으로 '디아스포라 Diaspora'를 많이 겪은 민족이다. 과거 약소국가에서 탈출한 한국인들은 여전히 세계 곳곳에 퍼져 있다. 스탈린 체제 시절 20만 명의 고려인들이 중앙아시아 곳곳으로 강제 이주되면서 무려 2만 5천 명이 죽는 비극을 겪기도 했다. 해방 이후에도 한국은 여전히 국가를 지킬 힘이 없다 보니 자신들의 운명을 스

---

[5] 이번 글과 다음에 이어지는 글은 필자가 2022년 대선을 앞두고 쓴 글이다. 2024년 윤석열 대통령이 비상 계엄을 선포하고 바로 국회에서 탄핵 결정을 받은 현실을 비추어 본다면 작금의 상황을 거의 예언적으로 예측한 글이라 할 수 있다. 때문에 이 책에 옮겨 싣는다.

스로 결정할 수 없었다. 남과 북으로 갈라져 동족 간에 피를 흘리는 전쟁을 하게 된 것도 따지고 보면 이 민족이 힘이 없어서 벌어진 일이다. 그 당시 막 일기 시작한 냉전의 최전선에 서서 이념 전쟁의 대리전을 비극적인 한민족이 떠맡게 된 것이 아닌가. 힘이 없으면 언제든 타율적 강제에 의해 그렇게 행동할 수밖에 없는 것이 현실이다. 평화는 결코 떠버리 입이 아니라 강한 힘이 있을 때만 가능한 것이다.

한국인들은 전쟁이 끝나고 세계 최빈 국가의 상태에서 나라를 다시 세우기 위해 지난 수십 년 동안 정말 열심히 일을 했다. 비록 유신 독재의 쓰라린 경험도 겪었지만 국력을 강하게 하자는 데는 다들 한마음 한뜻으로 노력했다. 이런 뜨거운 애국심은 독재 체제를 무너뜨리고 민주주의를 세우는 데도 똑같았다. 드디어 한국은 세계의 모든 국가들이 선망하는, 경제와 민주주의를 동시에 이룩한 국가가 되었다. 이제 한국은 고래 등쌀에 시달리는 새우가 아니라 모든 국가가 선망하는 돌고래와 같은 위치에 올라와 있다. 어떻게 본다면 '한강의 기적'이란 말이 그저 말하기 좋은 수식어가 아니라는 것을 그 어두운 터널과 같은 시대를 통과한 한국인이라면 뼈저리게 느끼고 있다. 이렇게 수십 년 동안 축적된 국가의 에너지는 단순히 경제 발전으로만 나타나고 있지 않다. 이른바 '한류' 붐에 따른 K-콘텐츠는 노래와 드라마, 영화, 만화 등등 다양한 문화 콘텐츠들을 타고서 전 세계인들을 열광시키고 있다. 이런 현상은 과거 일본이 서구에 소개되면서 일으켰던 붐을 능가하는 것이다.

BTS는 전 세계의 아미들이 신처럼 떠받들고 있고, '설국 열차'나 '기생충', 그리고 윤여정의 '미나리' 같은 한국 영화들은 이제 서구인들의 안방에까지 침투해 들어갔다. 새롭게 만들어진 넷플리스 같은 문화 플랫폼은 한국의 드라마들이 맘껏 놀 수 있는 앞마당을 만들어준 격이 되었다. '오징어 게임'이나 '지금 우리 학교는' 같은 드라마들은 만들어지자마자 수십억 전 세계인들의 감성을 뒤흔들면서 세계 1위권을 너무나 쉽게 차지하고 있다. 이제 한국의 문화 콘텐츠들은 과거 아시아인들이 영국의 비틀즈를 따라 부르면서 서구적 감성에 공감하던 것처럼, 반대로 서구인들이 모방하면서 감성적 일체감을 형성할 정도이다. 이런 현상은 한 세대가 지나면 그 여파가 지레 짐작하기 힘들 정도로 크게 드러날 것이다.

그런데 이렇게 세운 거대한 대한민국호의 지도자로 국정에 대한 아무런 경험이 없는 강화도령 같은 어벙이를 세울 수 있는가? 나라를 세우는 데는 수십 년의 피와 땀이 요구되지만 그것을 덜어 먹는 데는 단 몇 년이 걸리지 않는다. 일본이 '잃어버린 30년'의 수렁에 빠진 사실은 너무나 잘 알려져 있다. 이제는 자국의 유명 정치인들까지 일본이 2류 국가로 전락했다고 통탄을 하고 있고, 한국은 이제 점점 더 '넘사벽'이 되어 가고 있다고 부러워하기도 한다. 도대체 그 이유가 어디에 있는가. 거기에는 무엇보다 아베와 같은 극우 보수 정치인들의 책임이 크다. 이들은 일본을 폐쇄적으로 운영하면서 과거 제국주의의 영광만 집착하고 미래를 개방적이고 진취적으로 이끌지 못한 잘못이 크다. 한국도 잘못하면 이런 일본식 모델에 발목 잡힐 가능성이 크다. 일본 못지않게 급격하게 고령화되어 인구 구성에서 생물학적 탄력을 상실해가고 있고, 경제의 규모에 따른 저성장은 과거와 같은 고도성장을 어렵게 만들고 있다. 지정학적으로도 한국은 미국과 패권주의를 다투는 거대한 중국과 언제든 대륙으로 진출하고 싶어 하는 극우 일본에 둘러싸여 있다. 여전히 남북 간에는 냉전 상태의 긴장이 높아서 평화를 이야기하기가 요원한 상태이다. 때문에 한국은 잠시도 한 눈을 팔거나 정체에 머무를 수 없는 것이다.

한국이 반도체나 몇몇 분야의 산업에서 선도 그룹을 형성하고 있고 수출에 전력 투구를 하고는 있지만 지금 세계 경제는 그 어느 때보다 기술 패권주의가 심하고 국가 간의 경쟁도 심하다. 4차 산업 혁명에 들어선 현재 인공지능과 로봇 산업, 유전 공학과 사물 인터넷과 같이 산업의 다양한 부문에서의 국가 간 경쟁은 과거와 비교될 수 없을 만큼 극심한 상태이다. 이런 상태에서 중요한 정책을 잘못 판단한다면 언제든 천 길 낭떠러지로 떨어지는 것은 하루아침이다. 때문에 21세기의 한국은 나라의 운명이 앞으로 더욱 커질 것인가, 아니면 다시 과거로 후퇴할 것인가의 기로점에 서 있다고 해도 과언이 아니다. 대통령을 한 사람 뽑는 것은 그저 인기 좋고, 하기 좋은 정치인 한 명을 내세우는 것과 질적으로 차이가 난다. 이런 상태에서 정치적 경험이나 식견이 없고, 수십 년 동안 폐쇄적인 검찰 조직에서만 성장한 인물이 도대체 어떻게 대한민국호를 이끌겠다고 나설 수가 있는가. 그야말로 언감생심인데, 윤석열은 '조국 사태'와 같은 기형적인 사건에서 등장한 인기 스타일뿐 전혀 검증이 이루어지지 않은 인물이다. 그는 보수 기득권 세력이 막가파식 '정권 교체'를 위해 내세운 허수아비나 다름없다. 이런 극우 보수 세력은 일본의 잃어버린 30년에서 보듯 대한민국을 다시금 과거의 망령에 가두어버릴 가능성이 높다. 그들은 명박-근혜 10년 동안 피로 세운 한국의 민주주의를 무너뜨린 세력이고, 여전히 대한민국에게서 부패 공화국의 오명을 떼지 못하게 만든 세력이다. 미국의 성조기를 자신들의 분신으로 내세우고, 심지어 이스라엘에서 자신들의 종교적 정체성을 찾는, 국가를 이끌어갈 자신감이나 주인 의식이 하나도 없는 세력이다. 이런 세력과 그 꼭두각시나 다름없는 윤석열이 어떻게 대통령이 돼서 약진하는 미래의 대한민국을 이끌 수 있겠는가 그 앞날은 불을 보듯 뻔할 정도가 아니겠는가.

다시 한번 묻는다. 지금의 대한민국이 어떻게 세운 나라인가. 이 나라를 다시 과거로 추락시킬 것인가, 아니면 미래 세계 3대 강국으로 도약할 수 있는 나라의 초석을 다지게 할 것인가. 지금은 기득권자들의 탐욕으로 치장된 '정권 교체'가 아니라 낡은 수구 정치의 제도나 법들을 뜯어고칠 수 있는 '정치 개혁'이 무엇보다 필요한 시대이다. 만일 대한민국호가 향후 몇 년 동안 이런 낡은 시스템들을 개혁할 수 있다면 한국은 한 시대 안에 세계 3대 강국으로 도약할 수 있는 중요한 발판을 마련할 수 있다. 한국인들의 에너지를 모을 수 있는 개혁적

지도자가 등장한다면 전혀 불가능한 이야기가 아니다. 한국인들은 지난 수십 년 동안 그런 역동적인 삶을 살아왔다. 그렇게 만든 나라인데 어떻게 모지리 강화도령 같은 인물에게 덥석 맡길 수 있겠는가. (내외신문, 2022/03/03)

13. 사랑은 아무나 하나?

오래전 유행하던 노래가 하나 있다. 가수 태진아가 간드러지게 몸을 흔들면서 불렀던 노래이다.

"사랑은 아무나 하나
눈이라도 마주쳐야지
만남의 기쁨도 이별의 아픔도
두 사람이 만드는 걸
어느 세월에 너와 내가 만나
점 하나를 찍을까
사랑은 아무나 하나
어느 누가 쉽다고 했나"

사랑은 저절로 이루어지는 것이 아니다. 서로 눈이 맞고, 기쁨과 슬픈 히스토리를 함께 만들어나갈 때 사랑이 이루어지는 것이다.

개인들 간의 사랑도 그럴진대, 하물며 한 나라의 대통령을 아무나 할 수 있는가. 일국의 지도자를 어중이떠중이가 맡을 수는 없을 것이다. 지도자가 되려면 그만한 역량과 노력이 있어야 하고, 국민에 대한 애정과 헌신적인 노력이 있어야 한다. 한국 정치사를 되돌아보면 그런 덕을 쌓고서도 대권을 앞에 두고서 좌절한 정치인들이 수도 없이 많다. "면장이라도 하려면 논두렁 정기라도 받아야 한다"라고 하는데 하물며 한 나라의 대통령이 되는 일은 훨씬 그렇다. 그런데 그런 노력 없이, 그리고 역량에 대한 검증도 없는 사람이 하루아침에 유력한 야당의 대선 후보로 등장을 하는 현실을 어떻게 받아들여야 하나. 그것도 행정이나 정치에 문외한으로 일방통행을 일삼는 특수부 검사에서 평생 경력을 쌓은 사람이 마른하늘에 번개 치듯 대권 후보로 등장하는 현실이 과연 정상일까. 조선 시대도 아닌데, 어리벙벙한 강화도령을 데려다가 임금이라고 앉혀 놓을 수 있을까. 정치가 코미디인가. 가수왕을 선발하는 것인가. 대통령 자리는 경험을 쌓고 역량에 대한 테스트를 하는 자리가 아니다. 대통령은 지금까지 쌓은 역량을 최고로 발휘해서 국리민복을 위해 봉사하는 최고 지도자의 자리다. 윤석열이 대통령이 되는 순간 그의 능력과 역량에 대한 불신 때문에 국정은 대혼란에 빠질 수 있다. 도대체 아무리 생각해도 답이 없다.

고대 그리스의 철학자 플라톤이 『공화국』에서 '철학자 왕'을 주장한 것은 유명하다. 플라톤에 따르면 일국의 지도자가 되기 위해서는 다양한 부문에서 무수한 훈련을 거친 다음, 최종적으로 인간과 세계의 본질을 인식할 수 있는 변증법Dialectic

도 공부를 해야 한다. 그만큼 이론과 실천에 대한 경험과 학습이 중요하기 때문이다. 게다가 지도자는 누구보다 공公을 앞세우고 사私를 부정해야 하기 때문에 극단적인 '처자 공유제'까지 주장을 했다. 물론 이러한 주장은 당시에도 너무나 급진적으로 받아들여져서 플라톤 자신도 후기에는 포기했다. 지도자가 되기 위해서는 특별한 훈련이 필요하다는 것은 동양의 경우도 마찬가지이다. 전통적으로 중국에서는 왕이 되는 과정에서 제왕학을 필수적으로 학습하고 엄격한 수련을 거치는 것은 왕의 비중과 역할이 일국의 운명을 좌지우지하는데 크기 때문이다. 물론 현대의 경우처럼 민주주의 국가에서 대통령의 지위를 세습할 수 있는 것도 아니고 인위적으로 키울 수 있는 것은 아니다. 본인이 대통령이 되기 위해서 그만한 경험을 쌓고 그만한 역량을 키워야 할 것이다.

하지만 윤석열은 이러한 일반적 기준에 미치기에는 터무니없이 부족하다.

첫째, 앞서도 지적했듯 그는 정치나 행정과는 전혀 무관한 특수부 검사에서 경력을 쌓았고, 그런 경력으로 인해 고속 승진을 해왔으며, 마침내 조국 일가를 도륙하는 고도의 편파적 수사로 일약 스타가 된 인물이다. 특정한 사건으로 인해 스타가 되는 경우는 연예계나 스포츠계에서는 가능할지 몰라도 정치에서는 없지는 않아도 힘든 경우다. 게다가 검사는 대화 상대가 있는 변호사나 사건 전체를 종합적으로 판단하는 판사와도 다르게 자신들이 세운 수사 기획에 따라 일방적으로 밀어붙

이는 집단이다. 물론 그들이 법정에서 변호사와 공방을 벌인다고 할지라도 그들이 유명세를 치르는 것은 법정이 아니라 수사 현장과 그 과정에서 일뿐이다. 만일 이런 식으로 국정을 처리한다면 과거 유신 독재나 군사 독재와 비슷한 검찰 독재가 가능할 때와 비슷해질 것이다. 윤석열의 정치에 대해 우려하는 많은 사람들이 '검찰 공화국' 운운하는 것은 전혀 근거 없는 말이 아니다. 지금은 한낱 우려일지 몰라도 그가 대통령이 된다면 그것은 재앙으로 판명될 것이다. 때문에 일시적인 인기에 편승해서 정치인 행세하는 것이나 아무런 검증도 거치지 않은 인물에 환호하는 것은 전형적인 포퓰리즘의 형태나 다름없다.

둘째, 윤석열에 대한 이런 우려는 실제로 그가 지난 몇 개월 동안 보여준 여러 가지 정황으로 미루어 더욱 설득력 있게 드러나고 있다. 여러 공개적인 장소에서 시선을 한곳에 집중하지 못하고 끊임없이 고개를 흔드는 동작을 반복하는 행위는 차라리 애교로 봐줄 수 있다. 윤석열의 캠프 안에서도 이에 대한 지적이 있었을 것이고 그것을 바꾸라는 충고도 들었을 것이다. 하지만 그 이후에도 별로 달라지지 않는 것을 보면 그는 타인의 충고에 별로 귀를 기울이지 않는 독선적 성격의 소유자일 가능성이 높고, 자신의 좁은 식견이나 시야에 대해 별로 반성하지 않는 소아병 환자일 가능성도 높다. 겸손한 사람일수록 먼저 자신을 되돌아보고 문제가 있을 경우 기꺼이 고치려 드는 것이 인지상정이다. 하지만 이처럼 독선과 아집에 빠진 자가 최고 권력자로 독주한다면 그다음은 상상하기도 두려울 정도다. 이미 그는 조국 일가에 대한 수사를 할 때 거의 편집병 환자처럼 이 잡듯 수사를 단행했다. 많은 사람들이 이런 수사를 보고 '도륙'이라는 표현까지 쓴 것은 검찰 수사가 한 가정을 파탄 낼 만큼 편파적이고 참혹하게 진행되었기 때문이다. 그 사건을 지켜보면서 수많은 사람들은 "아, 저런 식의 수사가 나에게도 닥칠 수 있겠구나"라는 두려움과 공감 때문에 서초동 검찰 청사 앞에 몰려와 '조국 수호'를 외친 것이다. 왜 이런 단순한 진실을 외면하려 하는가. 이것은 대통령을 선출하는 문제와 상관없이 인륜 파괴이고 심각한 정의의 손상인 것이다. 이것을 정당한 수사권 행사 운운하는 작자들은 지옥의 사자나 다름없다. 21세기 민주주의 국가에서 요구하는 지도자는 외골수 편집증 환자가 아니라 진정으로 국민과 소통하면서 대화와 설득을 시도하고 타협을 하고자 하는 건전한 이성의 소유자이다. 과거 김대중 대통령이나 얼마 전 물러난 독일의 메르켈 총리가 하나의 전범이 될 수 있다.

 셋째, 정치 지도자로서 윤석열의 경험이나 경륜, 그리고 자질이 부족한 현상은 여러 가지 형태로 드러나고 있다. 그는 여전히 군사적으로 대치하고 있는 남북 관계의 위험에 대해 일반인 정도의 상식도 없이 '선제 타격'을 말했다. 그는 과거 한국 정치의 쓰라린 상처와 고통을 치유하기보다는 오히려 다음 정권하에서 이루어질 수도 있다는 식으로 '정치 보복'을 시사하기도 했다. 대중과 소통하는 민주적 훈련을 받지 못한 그는 대중 앞에서 카메라를 받고서 수 분 동안 말을 하지 못한 채 침

묵함으로써 그를 지켜보는 국민들에게 트라우마를 안겨 주기도 했다. 그는 이해관계가 다양한 민주주의 사회에서 토론을 부정하는 투의 말을 하면서 외면하기도 했고, 실제로 토론을 진행하는 과정에서 최소한의 기본조차 의심될 만큼 무지를 거침없이 드러냈고, 이를 안하무인 격으로 오만하게 치부하는 태도도 보여주었다.

도대체 이처럼 준비가 되어 있지 않은 사람이 일시적인 인기 하나로 대통령을 꿈꾼다는 것 자체가 21세기에 가능할 법한가. 이것은 여와 야를 떠나서 세계 10대 강국으로 성장한 대한민국호의 안전과 번영을 위해서도 절대 인정할 수 없는 현실이다. 다시 한번 강조하고자 한다. 지금은 한낱 우려에 지나지 않을지 몰라도 그것이 현실이 되는 순간 대재앙으로 나타날 것이다. 바로 이전의 박근혜 정권의 탄핵을 위해 추운 겨울날 거리에서 분노했던 심정을 벌써 다 잊었는가. 한 번의 실수는 병까지 상사라지만 두 번의 실수를 거듭하는 것은 어리석은 일이다.(2022.02.28)

출처: "사랑은 아무나 하나".... 한 나라의 대통령을 아무나 할 수 있는가? (내외 신문 - https://www.naewaynews.com/121841)

II. 해석과 비판

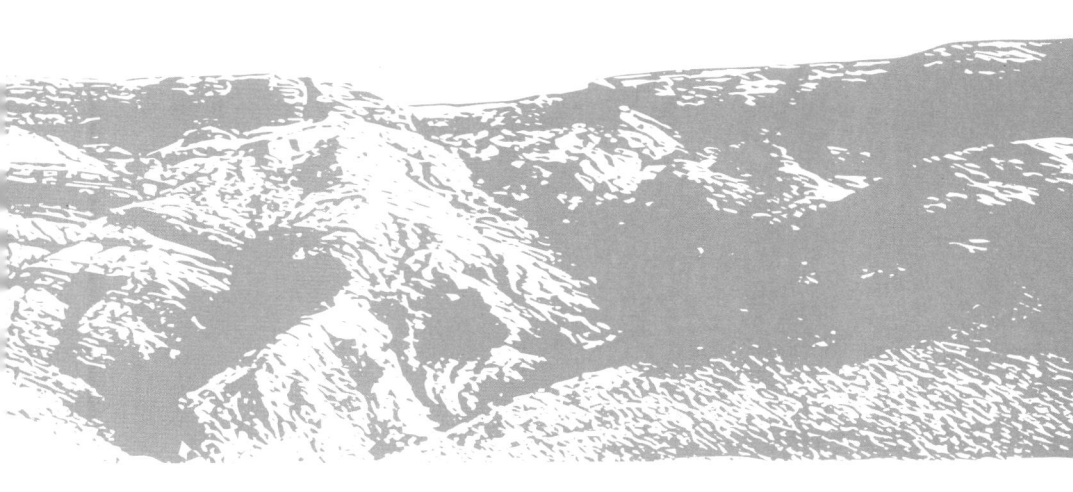

1. 언필칭 K-Philosophy가 존재하는가?

요즘 문화계는 이른바 K가 대세이다. K-Pop, K-Video, K-Movie, K-Food 등은 일찍이 없었던 호평을 받으면서 전 세계를 강타하고 있는 한국형 문화 상품과 먹거리 등이다. 한국은 일찍부터 수출 드라이브 정책을 펴면서 수많은 생산품들을 팔았고, 지금은 특별히 반도체와 자동차 강국으로 한국의 이미지를 높였다. 그런데 이제는 단순히 하드웨어가 아니라 소프트웨어들이 우후죽순 격으로 퍼져 나가고 있다. 이러한 흐름은 K-Pop이 주도했고, 뒤를 이어 K-Video와 K-Movie가 넷플릭스에 올라타면서 전세계의 문화계를 강타했다. 코로나가 한창 유행할 때는 한국의 의료계가 전세계의 주목을 받기도 했다. 봇물처럼 터진 이런 흐름은 자연스럽게 한국의 음식과 화장품 등 전방위적으로 K 브랜드의 가치를 높였다. 그러다 보니 어느 순간부터 K-Philosophy라는 말까지 등장하곤 한다. 그런데 앞의 여러 가지 한류물들의 경우는 자연스러운데, K-Philosophy라는 말은 쉽게 납득이 되지 않는다.

한국에서 철학이란 무엇인가? 지금까지 한국 철학은 서양 철학이 수입된 지 100년이 넘도록 여전히 수입만 해온 대표적인 분야가 아닌가? 한류라는 것은 한국의 문화상품이 외국으로 퍼져나가는 것인데, 어떻게 수입만 하는 한국 철학에 K-Philosophy라는 말을 쓸 수가 있을까? 과연 한국 철학이 이런 형태로 수출을 한 적이 있을까? 한국 철학이 세계 철학의 현장으로 나가서 경쟁력 있게 자신을 내세운 적이 있었는가? 고생 고생을 해서 한류의 경쟁력을 높여서 해외로 퍼져가는 한류 물에 철학이 은근슬쩍 무임승차하는 것은 아닌가? 사정이 그렇다고 한다면 참으로 부끄러운 일이라 하지 않을 수 없다.

사실 서양철학이 수입된 지난 100년 이래 한국에서 이루어진 철학 활동의 대부분은 서양철학의 아류로 유행 따라 전개된 감이 없지 않다. 일제 식민지 시절에는 헤겔 마르크스의 철학이 시대의 고민에 동참한다는 명분으로 유행했고, 해방 후에는 미국의 사조가 물밀듯이 들어오는 틈을 타서 듀이의 프래그머티즘이 유행을 했다. 전후의 멜랑꼴리한 분위기 속에서 한동안 실존철학과 현상학이 유행을 했고, 현실 비판과 무관한 분석철학이 급격히 늘어난 미국 유학생들을 배경으로 유행을 했다. 유신 말기부터 사회 현실에 대한 비판의 단초를 보여주었던 프랑크푸르트학파의 '비판이론'이 소개되었고, 그 이후 80년대 광주 항쟁을 경험하면서 다시금 헤겔 철학과 마르크스 레닌주의가 젊은 철학도들의 관심을 이끌었다. 80년대 후반 냉전 세계관이 무너지면서 이미 20여 년 전에 서구에서 유행했던 프랑스 철학과 영미식 포스트모더니즘이 지적 공백을 메우고 들어왔다. 이런 현상은 지금까지 별로 달라진 것이 없다. 이렇게 지난 100여 년 동안 열심히 유행 따라 수입만 해오던 한국 철학이 어느 날 뜬금없이 K-Philosophy를 내세우니 민망하다는 느낌이 들지 않겠는가?

과연 K-Philosophy는 세계 철학계에 내놓을 만한 자기만의 고유한 한국 철학이나 토착화된 서양 철학에 대한 해석이 있는가? 이와 관련해 혹자는 미국에서 활동하던 현상학의 조가경 선생, 분석철학의 김재권 선생이나 동서비교철학의 이광세 선생, 정치 현상학 분야의 승계호 선생 등이 있고, 유럽에서 『피로사회』 이후 필명을 날리고 있는 한병철 선생 등을 상기할 수도 있겠다. 하지만 이들은 한국인의 유전자는 가지고 있을지언정 한국 철학으로 분류하기는 어렵다. 때문에 한국 안에서 동서양 철학과 한국의 전통 철학을 충분히 소화한 상태에서 현대 한국 철학이라 할 만한 것이 있느냐의 문제는 여전히 유효하다. 하지만 눈을 씻고 보아도 그런 철학은 보이지 않는다. 오죽 없다 보니 2008년 세계 철학자 대회를 한국에서 개최했을 때 한국이 자랑할 만한 철학자로 내세운 철학자가 한국 대학의 철학과에서는 듣도 보도 못한 다석 유영모 선생과 함석헌 선생을 급작스럽게 내세운 부끄러운 경험이 있었다. 그 이후 유영모와 함석헌을 철학과로 끌어들여 지속적으로 연구를 했다고 한다면 그나마 면피는 했을 터인데, 그들은 다시 골방에 갇히고 말았다. 그들은 부끄럽게도 손님들을 위해 급하게 끌어온 사상가들일 뿐이었다. 이렇게 한국 철학의 전사는 서양철학이든 동양철학이든 아니면 한국 철학이든 자기 브랜드로 내세울 것이 없는 상태이다. 그런데 갑자기 K-Philosophy 운운하는 것은 너무 남사스러운 것이 아닐까?

　　과거 한류의 선봉에 섰던 것은 K-PoP 이었다. 그들은 한국에서 치열한 오디션 경쟁을 통해 선발된 멤버들을 중심으로 수년간의 지옥훈련을 통해 외국으로 내보낸 일종의 문화 전사이기도 하다. 한국의 드라마들은 보편적 정서를 표현한 휴먼 드라마가 많고, 중독성이 강해서 한 번 보면 끊기가 힘들 정도다. 배용준과 최지우가 주연한 〈겨울연가〉가 그렇고 이영애가 주연한 〈대장금〉도 그렇다. 이들 드라마들은 아시아권을 넘어서 중동에서도 광팬들을 만들었다. 그 이후 봉준호 감독의 〈설국열차〉와 송강호가 열연한 〈기생충〉, 그리고 윤여정이 아카데미 조연상을 받은 〈미나리〉 등은 지역적 한계를 넘어서 전 세계의 팬심을 자극했다. 한국의 영화가 인기를 끈 배경에는 좋은 감독과 배우 외에도 현대 사회의 문제들을 담은 스토리 구성이 세계인들에게 먹힐 수 있었기 때문이다. 그 여파는 드라마에도 바로 이어져서 〈이태원 클라쓰〉, 〈사랑의 불시착〉, 〈오징어 게임〉 등이 최고의 인기를 끌 수 있었다.

    한류 바람이 불면서 영화나 드라마에 등장하는 한국의 문화나 음식 등도 세계인의 식탁을 풍요롭게 만들고 있다. 일종의 동반 효과 혹은 부수 효과라 할 수 있다. 전통적으로 육식 위주의 식생활을 했던 몽골의 경우는 아예 한국형 음식 문화로 다이어트도 하고 체질도 개선하고 있다. 이마트 분점은 단 몇 년 사이에 4호점을 개설했고, 울란바토르 골목길 곳곳에 GS 21 한국형 편의점이 벌써 400개를 넘기고 있다. 이 정도면 그냥 한국과 별로 다르지 않다고 할 수 있다. 도대체 이토록 빠른 속도로 수천 년 동안 내려오던 식생활 습관이 바뀌어도 되는가? 이런 음식 문화는 콧대 높은 프랑스나 미국에서도 열풍을 일으키고 있다. 이제 한국의 음식들은 땅 짚고 헤엄치기 형식으로 영업을 확장해 나간다고 해도 과언이 아니다. 한국의 서비스 산업이 불황인 것과는 너무나 대조적이다.

이렇게 다양한 분야의 한류들에 공통적인 것이 있다. 그것들은 하나같이 내부의 치열한 경쟁과 훈련을 통해서 쌓은 내공을 바탕으로 해외로 진출한 것이다. 세상에 저절로 되는 것이 없다는 것이다. 때문에 많은 사람들이 한류의 콘텐츠나 기타 등등을 거론하면서 한류의 위기 운운하지만 탄탄하게 쌓은 기반은 그렇게 쉽게 흔들리지 않을 것이다. 오히려 지금의 한류는 성장 가도를 타면서 새로운 수요층을 끊임없이 계발하고 있다.

그런데 이런 노력도 없이 은근슬쩍 K-Philosophy를 내거는 인문학자들이나 철학자들은 도대체 무엇을 하려는 심사인지 모르겠다. 그들은 K-Philosophy에 걸맞은 사전 작업도 거의 없이 한류가 유행하니까 덩달아 무임승차를 하려는 학자들의 얄팍한 태도이다. 게다가 그것을 다른 한류들처럼 자생적으로 하는 것이 아니라 정부 연구 기금을 끌어다가 하는 것이다. 때문에 수십억 원이 걸려 있는 이 연구 프로젝트를 따기 위해서 대학마다 엄청난 지원을 하면서 경쟁을 했다. 쉽게 이야기하면 정책 자금 끌어다가 프로젝트성 사업을 벌이는 것이나 다름없다. 그런 사업을 통해 연구 성과물이 나와도 거의 관심도 끌지 못하리라는 것은 보지 않아도 뻔하다. 결국은 염불에는 관심이 없고 잿밥에만 눈독 들이는 꼴이나 다름없다. 여기에는 학자가 연구비 끌어오는 것 외에는 자신의 정체성을 확인하기 어려운 대학의 실정 탓도 있다. 앞에서는 인문학 위기 운운하면서 뒤로는 이런 수작이나 벌이고 있으니 참으로 부끄러운 현실이다. 이런 사업에 국민 세금으로 조성된 연구비를 지원하는 정부 측도 순전히 생색내기 위한 것 이상의 동기나 역할이 없다. 분명히 이야기를 하건대 세계에 내놓을 만한 K-Philosophy는 없고, 앞으로도 이런 방식을 통해서는 전혀 가망이 없다. 한국 철학은 '오퍼상'이나 '고물상'이라 덧붙여진 부끄러운 라벨부터 떼어야 할 것이다.

2. 최근의 한류 현상을 둘러싼 논쟁 비판

최근 모 문화 평론가가 한류 붐에 대해 다소 시니컬한 반응을 내놓았다. 한국인이라면 당연히 자부심을 느낄만한 한류가 오히려 현실을 미학적으로 낭만화하고 대리 만족으로 현실의 모순을 호도하기 때문이라고 한다. 크게 주목을 받았던 봉준호 감독의 <설국열차>나 <기생충>, 넷플릭스 시리즈로 상영되자마자 세계적인 관심을 끌었다가 이번에 애미상을 받은 <오징어 게임>, 그리고 극히 최근에 넷플릭스에서 세계인들의 열광적 관심을 이끌었던 <이상한 변호사 우영우>와 같은 영화나 드라마들은 한결같이 치열한 한국의 현실을 배경으로 깔고 있다. 그런데 영화나 드라마에서는 이러한 모순적 현실들이 잘 치환되지만, 현실에서는 여전히 그에 대한 대응이나 해결이 요원하다는 것이 그이의 주장이다. 이런 주장의 이면에는 영화나 드라마가 현실의 실질적 모순의 김을 빼는 것이 아닌가라는 생각도 깔려 있다. 이런 비판을 가볍게 받아들일 수 있지만, 그것이 이제 막 피어나기 시작한 한류의 흐름에 찬물을 끼얹는 식으로 왜곡된 흐름을 조성할 수도 있을 것이다.

그의 이런 주장이 설득력이 있어 보이는 것은 사실이다. 한국의 현실은 지옥 같은 시궁창으로 보이지만 -사실 많은 인텔리들이 별생각 없이 내뱉는 이런 현실 인식도 문제다-, 이런 현실을 예술작품으로 만들어 세계인들의 찬사를 받는 이 역설적인 현상이 상식적인 사고를 하는 그이에게는 도저히 납득이 가지 않을 수도 있다. 모순과 차별적인 현실에서 함께 고통을 당하고 있으면 그나마 덜할 텐데, 영화나 드라마는 정반대로 잘나가고 있으니 충분히 볼멘 소리가 나올 만도 하다. 당장 크게 히트 친 드라마나 영화만 해도 그 작품을 만드는 데 참여한 구성원들 모두가 함께 샴페인을 터트리는 게 아니다. 작품을 제작하는데 동원된 많은 스탭 기사들과 엑스트라들의 작업 조건이나 수입이 너무나 열악해서 사회적으로 문제가 된 적도 있지만, 지금도 여전히 그런 현실을 벗어나지 못하고 있다.

하지만 이런 점들을 감안한다 해도 한류 작품이 한국의 현실을 미학적으로 낭만화한다는 그이의 주장은 지나친 것이 아닐까라는 생각이 든다. 예술작품이 '없는' 현실을 가지고 '있는' 현실을 대체하려고 한다면 현재의 현실을 허구적으로 미화하고 이데올로기적으로 은폐한다는 비판을 받을 수가 있다. 역사적으로 볼 때 예술작품이 이런 경우에 동원된 경우들은 수도 없이 많고, 특히 사회주의권에서는 예술이 선전 선동의 수단으로 악용되는 경우들이 다반사다. 하지만 같은 예술작품이 한국의 현존하는 현실을 리얼리스틱하게 드러내는데 성공했다고 하면, 그것은 낭만화하는 것이 아니라 르포성 고발과 같이 현실을 비판하는 작품이 될 수가 있다. 이런 창의적 작품들을 가지고 미학적으로 낭만화하고 현실 모순의 해결을 외면한다고 한다면 예술작품을 지나치게 단순하게 해석하고 있는 본인의 무지를 드러낼 뿐이다.

사실 한국의 드라마나 영화가 한국을 넘어서 세계인들에게 공감과 환영을 받고 있는 것은 그것이 한국의 현실을 적나라하게 반영하는 데 있을 것이다. 한국 영화에서 일상적으로 등장하고 있는 불평등과 차별, 성폭행과 노사 투쟁, 긴박한 생존경쟁과 같은 현실은 더 이상 한국만의 특수한 것이 아니라 자본주의의 공통적인 문제이고, 신자유주의를 거치면서 더욱더 일상화되고 보편화된 세계적 현상이다. 한류의 드라마나 영화는 다른 어느 사회보다 치열한 한국적 현실을 배경에 깔고서 그것을 예술적이고 인류 보편적인 감성으로 형상화하는 데 앞서 있다. 이런 것들이 하나하나 쌓이면서 세계인들의 공감과 인정을 받아 가다 보니 오늘날과 같은 한류의 지배적 현상이 나타나게 된 것이 아닐까?

다음으로 그 평론가는 한류 드라마나 영화들이 현실의 모순을 대리 만족시킴으로써 그러한 모순의 해결에 대한 책임을 덜어주는 면이 많다고 비판한다. 하지만 이것도 예술작품의 사회적 역할과 기능에 대한 심각한 무지에서 나온 불평 수준을 넘어서기 어렵다. 예술작품이 현실을 고발하는 내용을 담고 있을 수 있지만 그것 자체가 문제 자체를 실천적으로 해결하는 도구가 될 수는 없다. 대표적으로 리얼리즘 계통의 예술에서는 당대 자본주의 현실의 비참하고 야만적인 실상을 드러내는 데 예술의 일차적 역할을 찾기도 한다. 물론 이 경우에도 예술작품은 현실을 단순하게 기술하거나 모방하기보다는 작가나 감독의 시각과 해석에 의해 새로운 차원에서 탄생한다. 이를테면 산업혁명 당시 영국 사회의 불평등한 계층화와 산업화의 폐해를 예리한 시각으로 비판한 찰스 디킨스의 『올리버 트위스트』나 프랑스 당대 현실을 고발한 에밀 졸라의 리얼리즘 소설류가 그렇다. 소설가들의 이러한 창작은 동시대 지식인들의 현실 인식에 큰 자극을 줄 수 있고, 사회를 비판하고 변혁하려는 세력에 불쏘시개 같은 동력이 될 수도 있다. 한국에서도 공지영의 원작 소설을 영화화한 〈도가니〉 같은 작품은 학교 현장에서 벌어지는 약탈적 성폭행 현실과 이것을 은폐하려는 세력들의 악마적인 모습을 다른 어떤 매체들보다 잘 형상화하고 있다. 소설이나 영화의 이런 고발적 비판이 사회 현실과 여론을 바꾸는 데 적지 않은 역할을 할 수도 있다. 그러나 사회주의 예술은 예술의 목적성을 내세워 이런 실천을 지나치게 강조하다 보니 예술가들과 그 작품들을 선전 선동 수단으로 이용하는 것을 당연시하고 있다. 예술작품이 현실 비판과 고발의 기능을 담을 수 있지만, 그것을 직접적인 선동 수단으로 삼고 예술가들을 실천의 선두에 앞장세우는 것은 공功보다 과過가 훨씬 많았다는 것을 역사를 통해 알 수 있다. 그런 면에서 그 평론가가 한류는 한국 현실의 모순 해결에 역행할 수 있다는 식의 비판은 그 취지를 백분 이해하려 한다 해도 예술작품의 역할과 기능에 대한 이해와 해석의 본령에서 멀리 벗어나 있다.

자유와 창의를 구현하는 예술은 다른 어떤 분야보다도 자기 목적성이 강하다. 그것을 외부에서 '감놔라 배놔라' 하는 식으로 특정 목적을 위해 주문하다 보면 오히려 창작의 열의에 찬물을 끼얹는 사태가 벌어질 수 있다. 이런 현상은 한류의 경우에도 마찬가지이다. 이제 한류는 한국이라는 지역적 현실을 벗어나 세계인들이 관심을 갖고 주목하는 강력한 문화 현상이기 때문에 더욱 그렇다. 한류의 시작은 한국에서 시작했지만 그 열매는 세계가 함께 누릴 수밖에 없다. 그런 의미에서 우리 시대에 새롭게 꽃을 피우는 문화현상에 대해 좀 더 열린 마음으로 지켜볼 필요가 있을 것이다

3. 한류 현상과 인문학

한국의 양궁이 올림픽에서 10연패의 쾌거를 달성했다. 다른 어떤 나라, 어떤 종목에서도 가능하지 않았던 10연패이다. 경쟁이 치열한 국제 경기에서 10년을 빼먹지 않고 정상의 자리를 지킨다는 것은 거의 신적 경지라 해도 과언이 아니다. 도대체 어떻게 이런 일이 가능할까?

10년의 세월이 지나는 동안 한국의 양궁 스타들의 얼굴이 바뀌었다. 하지만 스타들이 바뀌어도 한국 양궁은 끊임없이 새로운 스타를 만들어 내면서 변함없이 정상의 자리를 지키고 있다. 그 비결이 무엇일까? 한국 양궁 선수들의 정신력일까, 아니면 타고난 소질일까 아니면 한국의 빼어난 선수들을 배출하는 경쟁과 뛰어난 지도자 그리고 훈련 시스템일까? 많은 이들이 한국 선수들을 배출하는 특별한 시스템을 원인으로 지적하고 있다. 하지만 거의 모든 것이 공개된 오늘날 한국만의 고유한 시스템을 강조하는 것도 한계가 있을 것이다. 굳이 이유를 대자고 하면, 자질과 정신력, 합리적인 경쟁과 뛰어난 지도자, 특별한 훈련 시스템 등이 함께 작용하면서 10연패의 위업을 달성했다고 할 수 있을 것이다. 이 모든 것들이 합쳐서 한국 양궁의 위대한 잠재력을 만들고 있을 것이다.

   나는 이런 잠재력이 다른 분야에서도 얼마든지 똑같이 발휘될 수 있으리라 본다. 반도체와 자동차를 위시한 한국 경제, K-POP을 선두로 한 한류 등 영역과 분야를 가리지 않고 두루 그 잠재력을 떨치고 있고, 마침내 작가 한강이 2024년 노벨 문학상을 수상했다. 글로벌한 차원에서 보더라도 한국은 이제 세계 문화와 예술을 선도하는 문화 선진국이다. 한국은 그렇다면 학문과 사상의 면에서도 그것이 가능하지 않으리라는 법이 없다. 그런데 유독 인문학과 철학의 분야에서는 그런 역량이 보이지 않고 있다. 이 분야는 여전히 해외의 수입에 의존하는 경우가 대부분이고, 에드가 모랭이 지적하듯 '스타'도 없다. 왜 그럴까? 아마도 여기에는 쉽게 해소되지 않는 특수한 원인이 있을지 모른다. 지나친 단순화일지 몰라도 나는 이것을 이조 5백 년과 일제 식민지 40년을 거치면서 유전자적으로 각인된 '사대 식민주의' 때문이 아닐까 생각한다. 조선은 사농공상이라고 해서 사회 조직의 최상층부에 문자를 다루는 사대부를 놓고, 한 사회의 사회적 부를 생산하고 증가시키는 공업과 상업 종사자들을 아래에 두고 하대했다. 조선이 500년의 문화와 역사를 자랑하지만 그 실상을 들여다보면 빈곤과 백성들을 쥐어짜서 운영하는 약탈 시스템에 기초해 있다. 이런 시스템에서는 사대부들만이 특권적 지위를 누리고, 대부분의 백성들은 그 체제하에서 억압받고 수탈을 당할 뿐이다.

식민지와 전쟁을 거친 대한민국을 다시 일으켜 세울 수 있었던 것은 그동안 억압되었던 민중의 잠재력이 배출될 수 있는 새로운 국가 운영의 시스템과 한글에 기초한 정보혁명 때문이다. 말하자면 미국식 자유민주주의와 박정희식 수출 위주의 개방적 경제 시스템이 큰 역할을 했고, 정보의 자유로운 소통을 가능하게 한 한글 사용으로 인해 문맹률을 낮춘 것이 가장 큰 이유다. 물론 이런 시스템이 갖추어져 있다 해도 자동적으로 그것이 발휘될 수 있는 것은 아니다. 여기에는 한국인들의 근면과 교육열도 크게 작용을 했다. 이런 원인들에 공통적인 것은 조선 500년 동안 사농공상의 억압적 이데올로기와 한문 숭배와 사대주의, 그리고 폐쇄적 국가 운영 등과 같은 시스템 등이 바뀌고 있기 때문이다. 반면에 조선의 방식을 여전히 고수하고 있는 북한이 세계 최빈국에다 폐쇄적인 국가 운영과 세습 독재에 머물러 있는 것은 우연이 아니다.

　　마찬가지로 조선의 이데올로기 역할을 했던 문사철(문학, 사학, 철학)은 그 대상을 중국에서 일본 그리고 미국으로 바꿔 가면서 여전히 과거의 사대의 망령을 벗어나지 못하고 있다. 그들의 사대는 거의 유전자적으로 각인된 것인데, 이것은 획득형질은 유전되지 않는다는 생물학의 법칙조차 위배하는 수준이다. 한국의 인문학과 철학이 '사대'의 망령을 벗어나지 않는 한 그것들은 초라한 오퍼상과 고물상의 수준을 벗어나기 힘들 것이다. 마르크스가 자신감을 결여한 프롤레타리아트에게 한 말이 있다. '머리를 들라!'. 마찬가지로 한국의 인문학자들과 철학자들에게 내가 하고 싶은 말이 있다. '당신들의 머리를 들라!'

4. 인문학의 위기 담론 비판

　　박정희 전 대통령이 경부고속도로를 건설하겠다고 했을 때 국민 대부분이 반대를 했다. 그들은 고속도로 위로 다닐 차도 없는 데 무슨 고속도로냐고 하면서 반대를 했다. 하지만 그 이후 물류나 관광 등 모든 면에서 경부고속도로의 파급효과는 상상할 수 없이 컸다. 한국 경제의 성장은 여기서 시작된 도로 인프라의 구축과 깊은 연관이 있다. 경제인 정주영이 자동차 산업에 진출해서 자동차를 만들겠다고 했을 때도 많은 전문가들이 경제성이나 선진국과의 기술 격차를 들먹이면서 반대를 했다. 하지만 정주영이 그 반대를 무릅쓰고 시작한 한국 자동차 산업의 오늘날 현주소는 어떤가?

한국 경제가 오늘날 이렇게 커진 데에는 크고 작은 이런 신화 창조와 같은 모험과 돌파가 있었기 때문이라는 데는 이의가 없을 것이다. 이런 시도는 거대한 장벽에 피를 흘리고 부딪히면서 균열을 내고 마침내 그것을 뛰어넘는 행위와 다르지 않다. 정책 당국자들이나 기업가들의 이런 과감한 도전과 노동자들의 피땀어린 노력이 삼위일체가 되어 오늘날 한국 경제를 이만큼 키워낸 것이다. 그들은 단순히 완성품을 해외에서 수입해서 판 것이 아니라 원자재들을 조달해서 직접 제품을 만들고 그것을 들고서 세계 시장을 누비면서 판매했다. 처음에는 단순 가공품을 수출했고, 점차적으로 중화학 제품들을 만들어서 판매했고, 마침내 반도체와 같은 최첨단 제품들이 경쟁하는 시장도 주도하게 되었다.

그런데 만약 그들이 이런 도전과 모험을 하지 않고 단순히 완성품을 수입 가공하는데 그쳤다고 한다면 현재와 같은 경제 수준에 도달할 수 있었을까? 사실 세계 최빈국에서 시작할 때 세계 시장을 주도하는 다른 선진국들과 비교조차 하려는 엄두를 내지 못했을 것이다. 아니 그런 발상조차 하기 힘들었을 것이다. 그럼에도 불구하고 그들은 그런 도전을 했고, 마침내 거대한 장벽을 넘어선 것이다. 몇 년 전 한일 간의 갈등이 치열해진 상태에서 일본이 반도체 부품 시장을 막았을 때도 한국 경제는 그 파고를 회피하지 않고 넘어섰다.

필자가 이런 이야기를 하는 이유가 있다. 사실 인문학은 한국의 다른 어떤 학문보다 오랜 역사적 자산과 전통을 가진 학문이다. 불교와 유학이 한반도에 유입된 지는 거진 2천 년이 넘었고, 그 이후 원효나 의상, 조선의 퇴계나 율곡, 그리고 조선 후반기의 다산이나 동학의 최제우처럼 독자적인 사상가들을 배출할 만큼 학문적인 축적도 적지 않았다. 비록 20세기에 들어와 일본의 식민지로 편입되면서 사상적 탄압을 받고 그 영향도 적지 않지만, 오랜 문화적이고 정신적 자산이 완전히 위협을 받을 정도는 아니라고 본다. 그럼에도 불구하고 인문학은 다른 어떤 학문들보다 중화 사대주의와 일제 식민지의 영향권을 쉽게 극복하지 못했고, 해방 이후에는 미국을 위시한 서구의 문화와 사상의 일방적 수입국을 탈피하지 못했다. 물론 식민지에서 해방되고 참혹한 남북 전쟁을 거치면서 모든 것이 초토화된 후진국이 근대화를 도모하기 위해서는 선진국의 사상과 제도 등을 배워야 하고 배울 수밖에 없는 것은 당연하다. 하지만 해방 이후 80년 가까운 세월을 돌이켜 볼 때, 정치나 경제의 다른 부분들이 끊임없이 장벽을 돌파해온 것처럼 인문학도 그런 돌파를 해왔는가고 자문해 본다면 부끄럽게도 거의 없었다고 할 수밖에 없다.

한국에서 인문학, 특히 철학 연구자를 양성하는 방식은 거의 천편일률적으로 여전히 유학留學에 의존하는 경우가 많고, 그렇게 유럽이나 미국에서 학위를 받은 사람들이 대학교수의 자리를 대부분 차지하고 있다. 국내 박사 학위자의 경우 열심히 노력하기도 하지만 생업 조달의 문제와 지도 교수의 연구 지도의 부족으로 많은 어려움을 겪고 있다. 그러다 보니 국내 박사 학위자들의 임용이 현실적으로 제약을 받는 경우들이 비일비재하다. 학위 양성 과정이 부실하다 보니 최근 대통령의 처의 경우와 같은 황당한 케이스조차 적지 않다. 무엇보다 한국에서는 박사학위를 학문적인 노력의 산물이 아니라 허례허식하듯 과시용 액세서리 정도로 생각하고 돈만 주면 얼마든지 받을 수 있다고 생각하고 있기 때문인지도 모른다. 이렇게 국내 대학들이 학위를 남발하다 보니 학문적 수준을 유지하기도 쉽지 않고 독립적인 사상을 확립한다는 것은 언감생심 기대 불망인지도 모르겠다. 이런 모습에 불만을 느낀 연구자들이 여전히 해외로 유학을 가는 경우들이 반복되고 있지만, 수십 년이 지나도 그 시스템이 바뀌지도 않고 개선되지도 않고 있다. 오래 전부터 인문학 위기 담론이 유행을 하고 있지만, 그것은 인문학과들 유지를 위한 교수들의 위기의식만 반영할 뿐 진정으로 한국 사회에서의 인문학의 현 수준에 대한 위기의식을 반성하고 미래의 방향을 모색해 보려는 태도는 거의 보이지 않고 있다. 그러니 인문학 위기 담론은 직장에서 퇴출 일보 직전에 몰린 자들의 구걸 담론 수준을 벗어나지 못하는 것이다. 나는 이런 현상들이 학문적 사대주의와 식민 사상에 안주한 채 전혀 독립하려는 의식이나 노력이 없기 때문에 나타나는 현상이라 생각한다.

앞서 말한 것처럼 나는 왜 인문학자들이 민주화를 달성한 정치나 산업화를 이룩한 경제처럼 자기 담론을 구축하지 못했는가라는 질문을 던지고 싶다. 한국에서 인문학자 혹은 철학자들이 통상적으로 하는 작업의 대부분은 그저 남의 사상을 번역 소개하고, 분석하고 해석하는 것이 대부분이다. 나 역시도 그런 작업을 오랫동안 해왔다. 가장 중요한 작업이라고 할 자기 생각을 독립적이고 창의적으로 정립하겠다는 생각은 전혀 하기 힘든 게 한국의 인문학계의 풍토이다. 네가 옳으니 내가 옳으니 열심히 싸우지만 결국은 한참 울고 보니 남의 초상집 앞이라는 것과 다르지 않다. 왜 이런 현상이 수십 년이 지나도 달라지지 않고 있을까? 인문학은 여전히 보편주의와 학문적 수준을 빙자해서 유학을 통해 학문과 사상을 수입하는 것에만 매달리고 있기 때문이 아닐까? 지금까지 대부분의 인문학자들과 철학자들은 되든 안 되든 독립적인 사유를 수립하려는 최소한 노력조차 방기하고 있었던 것은 아닐까? 사정이 이렇다 보니 한국의 철학자들이 자신들의 작업 대부분을 오퍼상과 고물상으로 비하하고 자조하는 것은 아닐까?

사실 한국의 경우는 서구의 사상을 받아들일 뿐만 아니라 동아시아의 오랜 학문적 전통과 문화, 그리고 오랜 불교문화의 전통도 공존하고 있기 때문에 새로운 학문을 정립할 수 있는 좋은 지적 환경을 갖추고 있는 편이다. 그런데 "강남의 귤이 회수를 건너면 강북의 탱자가 된다"라는 말처럼 유독 한국에서는 그런 지적 자산들이 방기 된 채 오로지 서구의 신진 사상을 수입하는 데만 혈안이 되어 있다. 이런 현상들을 과연 어떻게 설명해야 할까? 한국의 인문학자들은 정신적으로 유아기 상태를 벗어나지 못해서 그런가, 아니면 수입 학문에 올라타는 것이 고속도로를 달리듯 안전빵이라고 생각해서 그런가? 현재의 한국의 인문학과 철학의 진짜 위기는 자기의 언어와 자기의 문제의식이 없다는 데 있다고 해도 크게 잘못한 것이 아니다.

내가 2021년에 내놓은 『철학과 비판: 에세이 철학의 부활을 위해』(수류화개)와 2024년에 내놓은 『일상이 철학이다』(모시는사람들)라는 책은 현재의 한국적 실정에 비추어 본다면 아주 새로운 시도라고 할 수 있다. 이 책의 외양적인 형식은 에세이 철학을 부활시키자는 것이지만, 그 실질적인 내용은 외부의 다른 어떤 사상에 의지하지 않고 자기 언어로 자기의 시대와 삶을 대상으로 자기 철학을 시도한 것이다. 에세이라는 형식은 다른 이유도 있지만 이런 자기 언어와 생각을 주체적이고 비판적으로 펼칠 수 있는 적절한 형식이자 방편이기 때문에 끌어들인 것이다. 여기서 보다 중요한 것은 자기 생각과 자기 언어, 자기의 삶과 현실 그리고 역사 속에서 길러낸 문제들이라고 할 수 있다. 이 책에는 일반적 의미의 철학책에서 기술하는 것처럼 철학자들이나 철학사 혹은 철학의 문제들이 거의 다루어지지 않고 있다. 때문에 이런 시도는 마치 경제 영역에서 정주영이 온갖 비난을 무릅쓰고 포니 자동자를 만들었던 심정과 맥을 같이 하고 있다. 나는 지금의 이런 시도가 다소 부족하고 세련되어 보이지 않을지라도 꾸준히 개선하고 발전시키다 보면 우리의 독립적인 사상과 담론을 만들어 낼 수 있다고 생각한다.

이러한 나의 시도는 단순히 철학을 대중들에게 쉽게 이해시키려거나 현대 철학이 상실한 생활세계와의 연관을 회복하는 것만은 아니다. 보다 중요한 것은 우리 생각을 우리 언어로 쓰는 우리 철학이다. 이 책들은 한국 철학계가 갇힌 높은 장벽을 돌파하려는 나 자신의 치열한 시도이다.

5. 주입식 암송교육과 사대주의

강남의 젊은 엄마들을 중심으로 갓 태어난 아이들의 영어 발음을 쉽게 하기 위해 성대 수술까지 한다는 것이 어제 오늘 이야기만은 아니다. 얼마나 친미 영어 숭배가 골수에 박혔으면 저런 짓거리를 할까? 일반인들은 도저히 상상 조차 하기 힘들 정도이다. 그들에게 영어는 단순히 언어 하나가 아니라 부와 권력에 이르는 강력한 도구이다. 이 땅의 지배 엘리트들은 언어로 상징되는 생존 기술을 사대 숭배에 두었고, 그 뿌리가 조선의 사대부들의 소중화 사대 한문 숭배에 있다.

조선의 양반집 자제들은 걸음마를 떼면서부터 유가의 교육 목표인 수기치인修己治人을 위해서 먼저 『천자문千字文』을 읽고, 그다음에 『소학小學』과 『대학大學』·『논어論語』·『맹자孟子』·『중용中庸』의 사서四書 와 『시경詩經』·『서경書經』·『주역周易』·『예기禮記』·『춘추春秋』의 오경五經, 『이정전서二程全書』·『주자대전朱子大全』·『성리대전性理大全』 같은 성리학 서적을 단계별로 공부하였고, 『자치통감資治通鑑』고 역대의 정사正史 및 우리나라에 관련된 역사서들도 읽었다. 그야말로 하나부터 열까지 오로지 중국의 경서들뿐이다. 게다가 이들의 공부 방식은 서당에서 훈장의 회초리를 맞아 가면서 암송 위주로 이루어졌다. 이런 암송 교육은 종교 교육이나 어학 교육에는 도움이 될지 몰라도 이론이나 사상을 공부하는 데는 쥐약이다. 공부라는 것이 끊임없이 '왜?'라는 물음을 던지면서 하나하나 깨쳐 나가야 하는데 그저 공자왈 맹자왈 하면서 주입식 암송을 하니까 자기 생각의 싹을 키울 수가 없었다. 이런 주입식 교육의 병폐는 소중화 한문 숭배를 뼛속 깊숙이 새겨서 갈고닦는 데 있다. 어릴 적부터 배운 이런 교육은 평생 사라지지 않는다. 조선의 유학자들이 지금 관점으로 보면 거의 병리적 수준으로 보일 정도로 사대와 한문 숭배에 집착한 까닭도 어린 시절 회초리를 맞으면서 받은 주입식 암송 교육 탓이 클 것이다. 그럼에도 지금까지 이런 공부가 좋다고 주장하는 사람들이 있는 것을 보면 그 영향력이 대단하다고 할 수밖에 없을 정도다. 조선의 유학자들의 암송 실력이 얼마나 뛰어났으면 임진왜란 당시 납치된 유학자 강항姜沆이 책 한 권 없는 상태에서 암송했던 것들의 기억을 책으로 복원시켜 일본에 유학을 전수한 데서도 찾아볼 수 있다.

일찍이 조선은 개국 당시부터 사대주의를 천명했다. 사대를 생존 외교상으로만 천명한 것이 아니라 뼛속까지 사대를 추종했다. 조선은 중국의 성리학의 이념에 기초해 만들어졌다. 법과 제도는 중국 명나라를 그대로 따랐고, 조선 왕의 임명도 중국의 인정을 받아야만 했다. 조선의 과거 시험은 철저하게 한문에 기초한 경서를 중심으로 이루어졌다. 나중에 세종이 한글을 만들어 바꿔 보려고 했지만 조선 5백 년 동안 언문 취급하면서 무시당했다. 세종 역시 이 사대를 극복하지 못했다. 조선 후기의 실학자들 중에는 박제가처럼 한술 더 떠 문자와 정신까지 중국화해야 한다고 주장했다. 이렇게 수백 년 동안 내려오면서 조선의 지배 계층은 사대를 신줏단지처럼 모셨다. 일찍이 단재 신채호 선생은 이런 사대주의를 빗대 "우리 조선은 석가가 들어오면 조선의 석가가 되지 않고 석가의 조선이 되며, 공자가 들어오면 조선의 공자가 되지 않고 공자의 조선이 되며, 주의가 들어와도 조선의 주의가 되지 않고 주의의 조선이 되려 한다."라고 비판한 적이 있었다.

　이 땅의 지배 엘리트들의 가장 큰 특징인 사대의 생존 기술은 조선이 망하고 일본의 식민지 치하에서도 달라진 것이 없다. 오죽하면 일본이 조선을 청나라로부터 떼어내기 위해서 자주독립을 해야 한다고 권장했을까? 하지만 이러한 사대는 중국에서 일본으로 바뀌었을 뿐 그 후에도 계속 이어졌다. 그들은 무조건 강자에 붙어 그것을 절대적으로 숭배하자고 생각한다. 해방 후 미국의 영향력이 커지면서부터는 미국에 붙어야 살 수 있다고 생각한 것이 그들의 생존 기술이다. 이런 사회 현상을 풍자한 것이 작가 전광용의 『꺼삐딴 리』이다. 이 소설의 주인공 이인국 박사는 일제 식민지 시대는 일본어로 잠꼬대를 할 정도로 친일을 하다가 해방 후 소련이 진주하자 소련에 붙어먹는다. 그 이후 전쟁이 발발하자 청진기 하나만 들고 월남을 했다가 4.19 이후에는 미국으로 이민을 간 내용이다. 전형적인 기회주의자의 모습을 보이고 있지만, 그는 소설 속의 한 인물이 아니라 권력에 기생하는 이 땅의 지배 엘리트들의 전형이라 할 수 있을 것이다.

    이런 전통은 시대를 아무리 달리해도 사라지지 않는다. 오늘날 이런 사대주의는 엘리트 중의 한 계층인 인문학자들과 철학자들에게서 그대로 보존되고 확대 재생산되고 있다. 그들은 자기 생각과 이론을 만드는 것이 아니라 선진 외국의 문물이나 사상을 들여오는데 앞장을 서고 그것을 팔아먹는 일로 자신들의 소임을 다하는 것으로 유세하고 있다. 물론 이런 문물과 사상의 도입이 한 국가의 성장 과정에서 절대적으로 기여한 점을 부인할 수는 없다. 하지만 그것이 결코 학자들의 본업이자 주업이 되어서는 안 된다. 어느 정도 세월이 지나면 자신들의 사상과 철학을 정립해야 하는데 한국의 학자들은 그저 어디 새로운 것이 없는가라는 데만 눈이 팔려 있다. 그러니 어느 세월에 자신들의 생각을 정립할 수 있고 자신들의 이론과 사상을 만들 수 있겠는가? 앞서 주입식 암송 교육의 대표적인 병폐가 창의성을 말살한다고 했지만, 마찬가지로 한국의 학자들의 가장 큰 병폐는 주체성과 창의성이 없다는 데 있다. 가방끈이 길어서 공부는 많이 한 것 같지만, 정작 자기 생각과 철학이 없다. 한 마디로 헛똑똑이라고 하는 것은 이런 부류들을 가리키는 말일 것이다. 이러한 지적은 외국에서 공통적으로 지적하는 내용이다. 무엇보다 주체성과 창의성이 요구되는 21세기에 가장 중요한 것이 없다면 한국의 미래를 결코 밝게만 볼 수 있을까?

6. 이어령 교수의 〈제망매가〉 해석에 대한 비판

　　칸트의 『순수이성비판』 서문에 보면 아주 흥미로운 비유가 하나 나온다. 어떤 사람이 숫염소의 젖을 짜려고 하니까 다른 사람이 그것을 받겠다고 통을 밑에 댄다는 것이다. 숫염소의 젖을 짠다는 일이 괴이한데, 그것을 받겠다고 하는 것은 우스꽝스럽기까지 하다. 칸트는 자기 이전의 형이상학적 논증들을 비꼬기 위해 이런 비유를 끌어들인 것이다. 그가 이 책의 후반부에서도 비판하듯, 그런 논증들은 틀리다고 할 수도 없고, 맞다고도 할 수 없는 것들이다. 다시 말해 대부분의 형이상학적 논증들은 검증이 불가능하다 보니 지속적으로 무의미한 논증들이 이루어는 경우가 많다. 사실 이렇게 경험적 검증이 불가능한 것은 형이상학 뿐만이 아니라 가치를 논하는 윤리학과 예술적 경험 이를테면 시나 그림에 대한 해석들에서도 얼마든지 나올 수 있다. 쉽게 검증이 되지 않는 상태에서 그 분야의 대가가 한 말이 아무런 비판도 없이 그대로 받아들여지고 그것이 지속적으로 확산되고 확대되는 경우가 많다. 권위에 맹종하는 경향이 많다 보니 나타나는 현상이다. 나는 이런 논증일수록 더욱더 철저히 비판해야 한다고 본다.

　　내가 최근에 '이어령의 〈제망매가〉 해석'을 읽으면서도 이와 비슷한 경험을 한 적이 있다. 고등학교 교과서에도 오랫동안 실려 있었던 〈제망매가〉라는 신라의 향가가 있다. 직접 이 향가를 인용해 보자.

① 원문
生死路隱 此矣 有阿米 次肹伊遣
吾隱去內如辭叱都 毛如云遣去內尼叱古
於內秋察早隱風未 此矣彼矣浮良落尸葉如
一等隱枝良出古 去奴隱處毛冬乎丁
阿也 彌陀刹良逢乎吾 道修良待是古如

② 현대어 풀이
가) 죽고 사는 길이 이 세상에 있으므로 두려운데
나) 나는 간다는 말도 못다 하고 가버렸느냐
다) 어느 가을 이른 바람에 이리저리 떨어질 이파리처럼
라) 같은 가지에 났어도 가는 곳을 모르겠구나
마) 아, 극락세계에서 만날 나는 도를 닦으며 기다리겠노라

(월명사, 「제망매가」)

　　번역은 오래된 정통 해석으로 양주동의 해석에 기초했다. 양주동은 일본인 학자가 신라의 향가를 최초로 풀이한 것을 굴욕으로 생각하고 향가 연구에 매진해서 여러 편의 향가를 해석했다. 〈제망매가〉도 그중의 하나이고, 그의 해석이 오랜 기간 해석의 중심을 잡아주기도 했다. 그런데 2022년 돌아가신 이어령 선생이 이런 해석과 전혀 다른 해석을 30년 전부터 꾸준히 제기해왔다. 돌아가시기 얼마 전에는 불교 방송이 나서서

'양주동의 제망매가 해석' 1, 2 편을 찍어서 유튜브에 올려놓기도 했다. 이어령 선생의 해석은 기존의 해석이 대부분이 오류이거나 불교에 대한 이해를 잘못하고 있다고 아주 강하게 비판했다. 그런데 이어령 선생의 이런 해석에 대해 말 많은 국문학계나 국어학계의 수많은 학자들 가운데 누구도 이의를 제기하지 못하고 있다. 내가 과문해서 그런지 대학 도서관에서 관련 논문들을 검색해 보았지만 단 한 편도 찾지를 못했다. 이어령 선생의 해석이 워낙 특이한 면이 적지 않은 데 그 해석에 대해 단 한편의 반론이나 비판이 없다는 것은 좀 심하지 않을까라는 생각마저 들었다. 내가 보기에 이어령 선생의 해석은 조금만 파고들면 상당히 문제가 많다는 것을 알 수 있다. 그럼에도 왜 이런 현상이 벌어졌느냐는데 생각이 미치지 않을 수 없다. 워낙 이어령 선생의 화려한 비평 경력에 주눅이 들어서 그런 것은 아닐까 혹은 오래전에 한국의 중견 비평가에게 들었던 말처럼 비평가들이 이론을 써먹을 줄만 알았지 깊이 있는 이해가 없다는 것이 사실이 아닌가라는 확증마저 든다.

<제망매가>에 대한 이어령 선생의 해석은 크게 세 가지 면에서 기존의 다른 해석들과 차이가 있다. 첫째로 이어령 선생은 첫 구절에 나오는 '生死路隱'을 양주동 선생이나 기타 다른 학자들이 해석하듯 '죽고 사는'의 의미가 아니라고 강하게 주장한다. 언어학자이기도 한 그는 '生死路'가 그런 한자어를 의미한 것이 아니라 산스크리트어인 'samsara'(윤회)를 한자어로 표기한 것이라는 것이다. 둘째, 이어령 선생은 4번째 연

의 '한 가지에 나고'의 의미를 특별히 강조하면서 '바퀴'와 관련해 동서 문명사까지 해박하게 끌어들이고 있다. 이 시가는 가족이라는 누이의 죽음을 슬퍼하고 있지만 그 뿌리에서 인류 전체에까지 미치는 것이라고 그는 주장한다. 원으로 이루어진 마차 바퀴와 윤회를 상징하는 불교의 법륜이 동서를 이어주었다는 것이다. 그런 의미에서 그는 <제망매가>를 해석할 때 불교적인 프레임이 특히 중요하다고 보고, 이 향가는 철저히 4성제인 고집멸도苦集滅道에 기초해서 쓰였다고 본다. 즉 1, 2연은 고에 해당하고, 3, 4연은 이런 고통의 원인인 집에 해당하고, 마지막으로 5연은 그것을 해결하는 멸도를 이야기했다고 하는 것이다. 그런 의미에서 <제망매가>는 승려 월명사가 불교정신에 입각해서 죽은 누이를 위로하기 위해 쓴 제문祭文과 다르지 않다는 것이다.

나는 이어령 선생의 이런 해석을 보면서 "과연 이어령이구나. 오직 이어령만이 할 수 있는 해석이구나"라는 생각을 한다. 하지만 동시에 이런 해석은 자기 해석에 도취해서 그야말로 자다가 봉창 두들기는 해석을 하고 있는 것은 아닌가라는 생각도 한다. 그리고 이런 해석에 대해 아무런 비판이나 이의를 제기하지 못하는 한국의 비평계나 불교계의 문제점도 참으로 크다는 생각을 한다. 객관적으로 본다면, 이어령 선생의 해석은 여러 가지 문제를 많이 안고 있다. 첫째로, 월명이 비록 승려라 할지라도 무리하게 불교의 4성제라는 프레임 속에 <제망매가>를 억지로 구겨 넣다 보니 이 향가의 내재적 의미를 제대로 포착하지 못하고 있다. 이러한 해석의 문제점은 '한 가지에 났어도'에 주목하면서 거의 문명사까지 동원하면서 자기도취에 빠지고 있지만 정작 월명의 관심이 어디에 놓여 있는지를 포착하지 못하고 있다. 4연인 "한 가지에 나고 가는 곳 모르누나"에서 월명의 관심은 '한 가지'가 아니라 '가는 곳 모르누나'에 있다 할 것이다. 다시 말해 죽음 이후의 세계에 대한 무지와 절망을 토로한 것에 방점을 둘 필요가 있다. 이어령 교수가 生死路를 'samsara'(윤회)로 해석한 것은 언어학자이자 기호학자이기도 한 그의 경력에 비추어 볼 때 충분히 가능하고 참신하다고 할 수 있다. 하지만 거기까지 일뿐 그는 이런 해석을 일관되게 밀고 나가지도 못하고 있다. 당장 1. 2연을 4성제의 고苦로 해석한 것과 충돌하기 때문이다. 고로 해석하려면 일반적 의미의 죽고 사는 것이라는 의미의 生死路가 되기 때문이다. 아무튼 비전문가가 보더라도 이어령 교수의 해석은 너무나 문제가 많은 데 왜 이런 해석에 대해 비판하거나 반론을 펴는 학자가 없는 것인지 그것이 의아스러울뿐이다.

내가 앞으로 쓰게 될 논문에서 본격적으로 다뤄야 하기 때문에 여기서 많은 이야기를 할 수는 없다.6) 하지만 나는 〈제망매가〉와 서양철학의 대화를 시도하면서 이 시가 일관되게 죽음의 문제에 대한 인식을 심화시키고 있다고 생각한다. 누이의

---

6) 〈제망매가〉에 관한 이 논문은 "「제망매가」에 드러난 '죽음'의 의미와 '삶의 윤리학'의 문제, 양명학", (72), pp.353-380 3월, 2024를 참조하라.

죽음을 애도하면서 썼다고 하는 것을 감안해도 이 작품은 단순히 누이의 죽음을 슬퍼하는 종교인이 종교의 차원에서 승화를 시켰다고 보는 차원을 훨씬 넘어서 있다. 간략하게 각 연의 주제를 제시해 보자. "가) 죽고 사는 길이 이 세상에 있으므로 두려운데" 1연에서는 일반적 종교의 차원을 벗어나 '죽음에 대한 실존적 두려움'을 제시하고 있다. "나) 나는 간다는 말도 못다 하고 가버렸느냐" 2연에서는 이러한 죽음이 '우발적으로' 벌어질 수 있음을 말한다. 이런 우발적 죽음은 죽음에 대한 두려움을 훨씬 키울 수 있다. "다) 어느 가을바람에 떨어지는 낙엽처럼" 3연에서는 '가을바람에 떨어지는 낙엽'이란 구절이 시사하듯, 죽음을 필연성의 차원에서 보고 있다. 장자나 스토아주의의 인식과 같다. "라) 같은 가지에 났어도 가는 곳을 모르겠구나" 4연에서는 본격적으로 죽음 이후의 세계를 이야기하고 있다. 이어령 선생이 '같은 가지'를 강조했지만, 정작 승려 월명은 솔직하게 사후세계에 대해 '백지 인식'을 고백한다. 상식적으로 판단해도 후자의 고백에 방점을 둘 것이지만 굳이 전자를 강조한 것은 이어령 선생의 자의적 해석이 앞섰기 때문이다. 이 '사후세계'의 문제는 종교의 문제 이상으로 형이상학의 문제이다. 고대의 형이상학은 늘 사후세계와 관련해서 '영혼의 문제'를 다루고 있다. 마지막으로 "마) 아, 극락세계에서 만날 나는 도를 닦으며 기다리겠노라" 5연에서는 사후의 극락세계에서의 재회와 관련해 오히려 죽음을 '산자의 윤리학의 문제'로 치환하고 있다. 왜 산 자가 도를 닦겠다고 하는가? 미타찰에서의 만남을 위해 '도를 닦겠다'는 것은 죽음의 문제가 산자의 삶의 문제에 적극적으로 영향을 주고 있다는 의미다.

간단하게 나의 해석을 제시했다. 나의 이런 해석은 국문학계에서 일반적으로 받아들이는 3분류 법이 아니라 5분류 법에 기초해 있다. 5분류 법에 기초할 때 "죽음의 두려움-죽음의 우발성-죽음의 필연성-사후세계에 대한 백지 인식-죽음과 삶의 윤리학"처럼 일관되게, 그리고 누이의 죽음을 애도하는 월명의 심정을 훨씬 깊이 있게 형상화할 수 있다고 본다. 필자가 보기에 <제망매가>의 핵심은 누이의 죽음을 보면서 죽음에 대한 두려움과 죽음이 불가피하다는 것을 깨닫고 그런 죽음을 통해 어떻게 살아야 할 것인가를 실존론적으로 깨닫는 과정을 이해하는 데 있다고 본다.

7. 송재윤 교수의 주자학적 관념성 비판

송재윤 교수의(https://www.chosun.com/opinion/column/2024/05/25/N2FVBJI6W5ADJMSXL4SW4WWCJE/)의 취지는 충분히 공감을 하지만 이런 식의 비판을 액면 그대로 받아들이는 힘들지 않을까? 주자학적 관념성이 사변적 망상의 원인이라는 지적은 충분히 공감할 수는 있다. 하지만 그것이 경험적 조사나 탐구, 혹은 실증적 검토를 통해 해결될 수 있을까는 의문이다. 주자의 격물치지론을 논박하기 위해 역사책을 읽는다고 가능할까? 나는 이런 식의 외재적 방식보다는 철학 내부의 사상 비판이 훨씬 중요하다고 생각한다. 하지만 조선의 주자학자들은 주자학 전체를 반성하고 비판할 수 있는 입지점이 없었다고 볼 수 있다. 그들은 맹신은 했을 뿐 그것을 근본적으로 재구성할 수 있는 비판 정신이 없었다고 할 수 있을 것이다. 조선의 유학자들이 왜 이런 한계를 벗어나지 못했는지 밝힐 필요가 있다.

이런 사정을 서양철학과 비교해볼 필요가 있다. 근대 서양철학에서 사실 데카르트 이후 합리론자들의 실체 형이상학이 주자학과 비슷한 행보를 걸은 적이 있다. 실체 형이상학은 그 자신이 존재하기 위해 다른 어떤 것을 필요로 하지 않는 실체Substance에 대한 탐구에서 출발했다. 데카르트는 사유res cogitans로서의 실체와 연장res extensa으로서의 실체라는 2개를 제시했는데, 스피노자는 사유와 연장은 속성일 뿐이고 오직 자기원인Causa Sui으로서의 신만이 유일한 실체하고 비판했다. 이에 대해 라이프니츠는 모나드Monad 개념을 끌어들여 오로지 표상 능력의 차이만 있을 뿐 실체는 다양하다고 주장했다. 경험론자인 데이비드 흄은 합리론자들의 실체에 관한 형이상학을 아무런 근거 없는 휴지 조각으로 비유하면서 그들의 형이상학 교과서들은 불쏘시개로 삼는 게 좋겠다고 비난했다. 흄의 영향을 받은 임마누엘 칸트는 이성 비판을 통해 합리론자들의 형이상학적 실체론이 경험적 근거를 넘어섬으로써 독단Dogma에 빠졌다고 비판을 했다. 이런 실체 형이상학에 대한 비판은 근대적 의미의 주체의 탄생과 깊은 연관을 맺고 있다. 서양의 근대에 이루어진 실체 형이상학과 그에 대한 이런 비판은 서양 철학사를 읽어보면 쉽게 이해를 할 수가 있을 것이다.

　그런데 왜 중국이나 조선에서는 사변과 공리 공담으로 볼 수도 있는 주자학에 대해서 전혀 비판을 하지 못했을까? 왜 서양 철학의 흄이나 칸트와 같은 비판이 동양에서는 등장하지 못했을까? 동양은 서양의 근대와 달리 확고한 봉건제 국가를 벗어나지 못해서 그랬을까? 혹은 태극도설에서 보듯 주자학의 형이상학의 체계가 너무나 촘촘하고 탄탄해서일까? 이 문제에 대한 본격적인 논쟁이 좀 필요할 듯하다. 사실 봉건제로만 미루기에는 부족할 것이다. 이런 현상은 21세기 첨단 과학에 기반한 자본주의와 민주주의를 이룩한 현재에도 반복이 되고 있다. 나는 기본적으로 동아시아의 철학에는 '비판 정신'이 부족한 것이 아닌가라는 의심이 크다. 공자가 말한 '온고이지신溫故而知新[7]'에서 溫故에는 충실했을지 몰라도 知新은 제대로 못한 것이다. 특히 조선의 주자학자들은 주희의 사상을 맹신했을 뿐 비판적으로 재구성하는 데는 역부족이었다. 조선 시대 내내 이기理氣 논쟁이 치열하게 진행되기도 했지만 그것은 주자학적 세계관의 틀 안에서 이루어진 Problem solving 일뿐 서양철학의 흄이나 칸트처럼 그 세계관 전체를 반성하고 뒤집지는 못했다고 볼 수 있다. 나중에 다산 정약용 선생도 이理와 기氣가 하나냐 둘이냐 하는 것이 뭐가 그렇게 중요한가라고 비판한 적이 있다. 주자학의 '성즉리性卽理'에 대해 '심즉리心卽理'를 주장한

---

7) 옛것을 익혀서 새것을 안다.

양명학조차 사문난적으로 몰려 숨어지낼 수밖에 없었다. 『한국은 하나의 철학이다』를 쓴 오구라 기조는 리理와 기氣를 둘러싼 현대의 논쟁에서 똑같은 현상이 반복되고 있다고 비판한 적이 있었는데, 그이의 주장을 무시할 수는 없을 거라고 생각한다.

아무튼 송재윤 교수가 주자학의 관념성을 근거로 한 비판은 의미는 있겠지만 다소 피상적이라는 느낌을 지우기는 어려울 듯하다.

8. 이 한우의 논어 강의 비판

<논어등반학교 교장> 이한우의 논어 강의는 일관성과 파격이 있다. 그는 『논어』를 일반적 해석의 틀을 벗어나 <제왕학>으로 해석한다8). 텍스트의 해석은 저자의 손을 떠나는 순간 무한히 개방될 수 있다. 이 시대를 지배하는 포스트모던의 정신이라 할 수 있다. 하지만 이러한 개방성이 오독과 오해에 대한 변명을 제공해 줄 수 있는 것은 아니다. 그 점에서 <논어>를 제왕학으로 해석하고자 하는 이한우의 독법을 액면 그대로 받아들이기란 쉽지 않다.

『논어』를 펼치면 제 일 먼저 대하는 구절이 학이시습지學而時習之 불역열호不亦說乎이다. 일찍이 양주동 선생은 '면학의 서'라는 글을 이 구절에 대한 해석으로 시작했다. "배우고 때로

---

8) https://monthly.chosun.com/client/news/print.asp?ctcd=I&n NewsNumb=201706100061

익히면 또한 기쁘지 아니한가?" 양주동은 논어의 이 첫 구절이 너무나 쉽고 분명해서 오히려 실망했다고 했다. 하지만 점차 나이가 들고 공부가 익어가면서 공자의 이 말에 담긴 깊은 뜻을 음미하게 되었다고 한다. 무릇 모든 앎과 배움은 동서고금을 막론하고 그 무엇에 대해 알고 싶어 하는 호기심과 경이심에서 비롯되고, 그것을 배워가는 과정이 즐거움과 기쁨으로 이어질 때 최고라는 것이다. 무엇인가를 알고 배우려 하고, 배운 바를 때때로 다시 익히는 즐거움은 그 의미를 아는 자들에게는 이루 말할 수 없는 것이다.

　그런데 이한우는 "배우고 때로 익히면 또한 기쁘지 아니한가?"를 대 놓고 오역이라 하고, 그 근거는 이런 유의 해석이 그것[之]을 놓쳤는데, 여기서 그것이 가리키는 글자를 대뜸 문(文)이라고 한정 짓는다. 사실 이런 해석은 해석 자체를 제한하는 부정적 한계라 할 수 있다. 이렇게 한정 지어 놓으면 더 이상 그것을 넘어서는 새로운 해석을 하기 힘들고, 설령 넘어선다 해도 나쁘다는 식으로 판단하는 기준이 될 수 있다. 때문에 그것은 다양한 해석이 피해야 할 일종의 '부정적 규범'이라 할 수 있다. 아무튼 이한우는 그것[之]을 공자가 제자들에게 가르친 네 가지인 문(文), 행(行), 충(忠), 신(信)에서 문(文)이라고 분명하게 규정짓는다. 그는 이런 문을 6경으로 본 주희의 해석조차 물리치면서 제왕학의 관점에서 '흠명문사欽明文思'라는 말로 대신한다.

"요임금의 제왕다움[德]을 말하는 것입니다. 흠(欽)이란 삼가지[敬] 않음이 없다는 뜻이고 명(明)이란 환하게 밝히지 않음이 없다는 뜻이며, 문(文)이란 (꽃부리) 안에 잠재되어 있던 것을 밖으로 멋지게 드러내 보여주는 것[英華之發見]이고 사(思)는 뜻하고 생각하는 바가 깊고 멀다는 것입니다."9)

여기서 진덕수는 명확하게 '문(文)이란 꽃부리 안에 잠재되어 있던 것을 밖으로 멋지게 드러내 보여주는 것[英華之發見]'이라고 말했는데, 이한우는 그것을 '열렬하게 애쓰는 것'이라고 규정한다. 해석학에서 철학을 시작한 이한우가 이 구절을 잠재된 것을 밖으로 드러내는 것이라는 해석학적 의미를 '열렬하게 애쓰는 것'이라는 태도 규정 정도로 보는 것 자체가 이상할 정도이다. 앞으로 보겠지만 이한우는 모든 것을 자기가 이해한 대로 편협하게 해석하고 그것만이 옳다고 해석하는 나쁜 버릇을 가지고 있다. 이런 태도는 연구자가 반드시 피해야 할 태도이다.

이한우는 그것[之]을 '흠명문사'로 규정한 다음 그것의 주체로서 군주 혹은 제왕을 들고 있다. 대뜸 학은 흠명문사이고, 그것의 주체는 나라를 관장하는 군주로 보고, 때문에 논어는 제왕학이라는 식으로 일사천리 해석을 하는 것이다. 그리고 이것과 다른 해석은 다 논어를 잘못 본 것으로 치부한다. 이쯤 되면 아전인수나 견강부회가 보통 정도를 넘은 것이 아니다.

---

9) 진덕수(眞德秀·1178~1235년), 『대학연의(大學衍義)』(이한우 옮김)

이런 태도야말로 '우물 안 개구리'의 오만hybris이 아닐까? 그가 제왕학의 예로서 한무제와 동중서를 끌어들인 것은 한편으로 한학자로 변신한 그의 지식을 과시하는 면이 있겠지만, 보다 큰 문제는 화사첨족畵蛇添足의 쓸데없는 짓을 한 것이나 다름없다. 다시 말해 뱀을 그리라고 하는데 뱀의 다리까지 그리는 쓸데없는 짓을 더한 것이다.

공자의 『논어』를 읽다 보면 공자가 얼마나 배움을 좋아하고 배움에 관한 일화를 많이 담고 있는지를 알 수가 있다. 첫 구절인 '학이시습지 불역열호아' 말고도 이런 배움에 관한 구절들은 곳곳에 들어 있다. 이런 구절들은 공자의 배움, 혹은 호학의 정신이 결코 특정 시대의 특정 이데올로기에 구속되지 않은 보편적 의미를 띠고 있음을 쉽게 알려준다.

공자의 공부에 대한 열정은 그가 약관 15세에 학문에 뜻을 두고, 30세에는 나름대로 입장을 세우고, 나이 50에는 비로소 하늘의 뜻을 알게 되었다는 데도 잘 나타나 있다. (吾十有五而志于學, 三十而立, 四十而不惑, 五十而知天命, 六十而耳順, 七十而從心所欲, 不踰矩.) 길을 가는 친구에게서도 배우려고 하는 태도, 결코 남을 일방적으로 가르치려고 하지 않는 태도야말로 공자의 겸손을 말해준다.

『논어論語』「공야장편公也長篇」에는 이런 말도 나온다. "배우는데 늘 민첩했고, 아랫사람에게 묻는 것을 부끄러워하지 않았다敏而好學 不恥下問"고 한다. 모른다는 것을 부끄러워하지 않고, 알고자 하는 데는 어린아이의 호기심만큼 큰 자극이 없다. 공자의 앎에 대한 욕구는 가히 어린아이의 태도에 가깝다. '삼인행필 유아사三人行必有我師'. 세 사람이 길을 가면 반드시 스승으로 받들 만한 사람이 있다는 뜻이다.(논어 술이述而)

『논어』의 <술이>편에는 발분망식發憤忘食이란 말이 등장한다. 책을 읽거나 공부에 열중하다 보면 밥 먹는 일도 잊는다는 말이다. "안다는 것은 것은 좋아하는 것만 못하고, 좋아하는 것은 즐기는 것만 못하다."(知之者는 不如好之者. 好之者는 不如樂之者) 배운다는 것은 누가 시켜서라서가 아니라 자기가 좋아서 하는 일이요, 나중에는 그 일을 스스로 즐기는 경지까지 이어지는 것이다. 이렇게 즐기면서 하는 공부에서 비로소 창의와 창조가 나올 수 있다. 독일의 철학자 니체는 『짜라투스트라는 이렇게 말했다』에서 놀이하는 어린아이의 정신을 정신의 성장의 최고 단계로 놓았다. 이러한 배움은 어떤 댓가나 목적을 구하는 것이 아니라 순수한 호기심으로 배움 그 자체를 추구할 때나 비로소 가능한 것이다.

지금까지 든 이런 몇 가지 예를 통해서 보더라도 공자의 논어는 위왕지학爲王之學이라기 보다는 위기지학爲己之學에 가깝다고 할 수 있다. 이것을 억지로 세상을 통치하는 군주가 배워야 할 통치 교과서로 만드는 것은 논어의 본래 정신에서 멀리 떨어진 것이다. 무엇보다 배움에 대한 공자의 태도는 교조적이라기보다는 개방적임을 깨달아야 한다. 공자는 배움의 세계에서는 귀천이 따로 없고 상하를 구분하지도 않았고 가방끈도 신경 쓰지 않았다. 이런 개방적인 배움의 태도가 『논어』를 2천 년의 시공간을 넘어서 끊임없이 살아 있는 텍스트로 만들고 있다.

텍스트의 해석은 얼마든지 자유로울 수 있지만, 그 본래 취지를 왜곡해서 특정한 이념이나 독선을 정당화하는 도구로 만드는 일은 위험하다. 그런 점에서 『논어』를 읽는 이한우의 방식은 여러 가지로 문제가 많다는 생각이다.

9. 신영복 선생의 "學而不思則罔 思而不學則殆"의 해석에 대한 비판

신영복 선생의 『강의』(돌베개, 2004)를 E-Book으로 읽고 있다가 나의 생각과 다른 점이 있어서 몇 자 적어 봅니다. 중국의 고전들에 대한 해박한 지식을 바탕으로 한 선생의 글은 읽기가 좋아 틈나는 대로 보고 있습니다. 동양의 고전과 철학을 감옥에서 독학으로 공부하고 사색한 선생의 사유는 깊이도 있고 단단해 보이기도 합니다. 하지만 간혹 나의 시선으로 볼 때 적절하지 못한 대목이 눈에 거슬리기도 합니다. 그것이 단순한 해석의 차이가 아니라 명백한 오류일 경우에는 반드시 지적할 필요가 있다고 봅니다.

이 책에서 선생은 서양의 존재론과 달리 동양은 철저히 관계론으로 보아야 한다고 주장합니다. 선생이 서양을 존재론으로, 그리고 동양은 관계론으로 해석한 것 자체가 담고 있는 의도는 충분히 이해할 수 있습니다. 하지만 여기서 말하는 존재론은 문맥상 실체론이라고 보는 것이 적절하다고 봅니다. 잘 알다시피 서양의 존재론은 그것을 그것이게끔 해주는 원인, 즉 아르케arche에 대한 탐구에서 시작했습니다. 그리스의 밀레토스 해안 지방에서 최초로 시작한 자연철학은 존재의 궁극적 원인을 물이나 공기나 불처럼 가시적인 것에서 찾거나 혹은 수number나 형상form과 같은 비가시적인 것에서 찾기도 했습니다.

이런 아르케를 개별자와 보편자 같은 실체Substance로 볼 것인지 아니면 변화하고 운동하는 관계Relation로 볼 것인지에 따라 존재론의 성격이 달라집니다. "존재는 하나이고 무는 존재하지 않는다"라고 한 파르메니데스Parmenides와 "만물은 변한다Panta Rhei"고 한 헤라클레이토스Heraclitus가 그 각각의 존재론을 대표한다고 볼 수 있을 겁니다. 물론 서양에서는 실체존재론이 주류를 이루었고, 이런 현상은 근대의 합리론자들이나 경험론자들에 이르기까지 대세를 형성했습니다. 서양의 존재론이 운동이나 변화 그리고 관계를 인정하는 입장은 주로 사회와 역사를 철학의 대상으로 간주했던 비주류의 해석에서 두드러지게 나타나고 있습니다. 반면 동양의 존재론은 『주역』에서 드러나듯 모든 것을 변화의 도道이자 관계의 그물망으로 인식합니다. 주역은 유불도儒佛道 삼교의 공통된 정신을 대변하고 있다고 해도 틀린 말은 아닙니다. 그런 의미에서 신영복 선생의 취지를 정확히 반영한다면 서양은 존재를 실체로 이해한 전통이 강했고, 동양은 관계로 이해한 전통이 강했다고 표현하는 것이 옳을 것입니다.

물론 지금까지 지적한 문제는 아마추어로서 독학한 선생의 연구 배경을 감안한다면 충분히 이해할 수 있는 문제라고 봅니다. 그런데 『논어』에 나오는 "學而不思則罔 思而不學則殆"에 대한 선생의 해석은 상당한 오류를 담고 있기 때문에 적당히 넘어갈 수 있는 정도가 아니라고 봅니다. 선생은 이 구절을 해석하면서 '이론과 실천의 통일'이라는 제목을 달아 놓았습니다. 중국의 고전을 일관되게 관계론과 실천의 관점에서 해석한 선생의 입장에서 충분히 붙일 수 있는 제목입니다. 선생은 이 부분을 "학學하되 사思하지 않으면 어둡고, 사思하되 학學하지 않으면 위태롭다."라고 해석했습니다. 그런데 이 정도 번역으로 그 의미를 드러내기 힘든 것은 학學과 사思의 대비 형식을 알지 못하기 때문이라고 지적하고 있습니다. 여기까지는 충분히 가능한 이야기라고 할 수 있지요.

"사思의 구성도 전田과 심心, 즉 밭의 마음이고, 밭은 노동의 현장, 실천의 현장이라는 것입니다." 물론 한자의 특성상 이런 글자 풀이가 의미는 있겠지만 그 글자가 들어 있는 문장의 맥락이나 선생이 늘 강조하는 다른 글자와의 관계를 고려하지 않는 상태에서 단순히 글자 자체를 해석하는 것은 오히려 선생이 경계하는 실체론적 사고에 갇힐 수가 있습니다.

선생은 자신의 이런 해석에 대해 전문 연구자(누군지 밝히지 않는군요)의 반론을 언급하면서 전田은 어린아이의 두개골에 있는 숨구멍이기 때문에 사思는 두뇌와 마음을 합한 것이라고 친절하게 이야기하고 있습니다. 여기서 두뇌 이야기를 하는 것은 사고가 가슴이 아닌 뇌에서 이루어지는 것을 밝히기 위한 것이라고 합니다. 하지만 이런 이야기는 거의 자다가 봉창 두들기는 해석이고 견강부회로 곡해될 위험도 없지 않지요.

그런데 정작 문제는 선생이 학學을 보편적 사고로 간주하고 사思는 관념보다는 자신의 경험을 중심으로 하는 과거의 실천이나 그 기억 또는 주관적 관점으로 해석한 데 있습니다. 선생은 學而不思則罔에 대한 개인적 체험 이야기를 끌어들여 자신의 해석의 설득력을 높이려고 합니다. 어렸을 때 할아버지 무릎 위에서 배운 이야기가 있었다고 합니다. 그 할아버지는 책을 읽고 나서 반드시 30분 정도는 생각을 해야 한다고 말씀하셨는데 나중에 감옥에서 곰곰이 생각하면서 깨닫게 된 것이 있다고 합니다. 아무리 책을 읽고 생각을 해도 머리에 남는 것이 없다는 것입니다. 뒤에 가서 언급하겠지만 이 대목은 선생이 곡해한 핵심을 담고 있습니다.

선생에 따르면, 책을 읽고 생각하는 것 모두가 실천과 유리된 관념의 소요일 뿐이라는 것입니다. 그런 의미에서 사思를 경험과 실천의 의미로 읽는 것이 옳다는 결론을 내립니다. 선생은 드러내 놓고서 학學이 보편적인 것generalism이고, 사思는 특수한 것specialism이라고 규정합니다. 따라서 '학이불사즉망'의 의미는 현실적 조건이나 실천이 사상된 보편주의적 이론이 현실에 어둡고, '사이불학즉태'는 특수한 경험적 지식을 보편화하는 것은 위험하다"라고 주장합니다. 내가 보기에서 여기서 선생의 해석의 결정적인 오류가 나타납니다. 말하자면 선생은 학과 사를 정 반대로 해석하고 있는 것입니다.

학學은 배움이고 탐구라는 의미에서 개별적인 것과 관련됩니다. 『논어』의 맨 앞에 나오는 '학이시습지學而時習之'라는 구절에서도 학學은 무수히 개별적인 것들을 배우는 것입니다. 이런 배움은 주로 외부 세계에 대한 경험이나 다른 저자들의 책에 대한 공부를 통해 얻는 것입니다. 『논어』를 일관해서 학學은 배움의 과정이지 체계화된 학문Wissenschaft의 의미는 아닙니다. 하지만 이런 개별적인 배움의 의미를 이해 못 한다면 지식이나 경험을 단순히 수동적으로 받아들일 뿐이고, 그런 수동적 경험은 최초의 경험에 대한 인상impression이나 지속에 대한 기억memory으로만 주어지지요. 근대의 경험론자들이 지식의 습득을 이렇게 설명했습니다. 그들은 '백지상태tabla lassa'에서 경험을 통해 하나하나 쌓아 나가는 정도로 지식을 생각했지요. 이런 경험은 아무리 많이 쌓아도 그것이 보편적인 것에 대한 확실성을 부여하지는 못합니다.

반면 합리론자들은 경험 이전에 선험적으로a priori 인식을 가능하게 하는 틀이 있다고 보았습니다. 사실 이런 틀을 형이상학적인 것이라 배격할 수도 있겠지만, 인식 과정에서 우리는 일정한 개념적 틀이 없을 경우 이해와 인식을 하지 못하는 면이 있습니다. 그런 의미에서 공자가 말하는 사思는 합리론자들이 말하는 인식의 틀이나 개념을 이해하는 것이라 할 수 있지요. 칸트가 나중에 『순수이성비판』을 쓰면서 경험론자와 합리론자의 사유를 비판적으로 종합할 때 이런 표현을 사용합니다. 즉 "개념이 없는 직관은 맹목적이고, 직관이 없는 개념은 공허하다." 여기서 개념은 지성의 활동이고, 직관은 감성의 활동입니다.

이런 직관이 인식의 재료인데, 공자식으로 표현하면 외부 세계에 대한 배움이지요. 이런 배움이 없으면 아무리 30년 면벽을 해도 사유의 추상성을 벗어나기가 쉽지 않지요. 공자도 그와 비슷한 말씀을 하신 적이 있습니다. "내가 전에 하루 종일 먹지 않고, 밤새 자지도 않고 생각해 보지만 이득이 없었고 역시 배우는 것만 못했다."(『논어』, 위령공 30). 주자도 그런 의미에서 대학의 '격물치지格物致知'를 해석할 때 격格을 사물(대상)에 다가가 그 이치를 탐구하는 것으로 봅니다. 그가 성즉리性卽理라 했을 때의 리理는 세계의 객관적 질서를 함축하지요. 이러한 태도는 실재론 혹은 객관주의로 볼 수 있지요. 반면 왕양명은 격자를 마음 심자를 바로잡는 것으로 이해해서 심즉리心卽理라고 했는데, 이는 심학 혹은 관념론이나 주관주의로 발전했지요. 아무튼 사思는 이러한 리理를 깨우치는 생각의 활동입니다.

다시 칸트와 공자 이야기로 다시 돌아가 보지요. 칸트에 따르면, 경험적 자료에 일정한 형식을 부여할 수 없으면 그것을 이해하기가 힘들고, 이러한 형식이나 개념도 인식의 개별적 소재들이나 배움이 없다면 그저 공허한 형식에 불과합니다. 그런 의미에서 공자가 말한 학과 사의 대비가 칸트에게서는 직관과 개념의 대비로 유추될 수 있지요. 그런데 신영복 선생은 이런 대비를 이해하지 못하고 뜬금없이 실천 이야기를 끌어들이면서 반대로 이야기를 한 것입니다. 물론 모든 이론을 실천의 입장에서 일관되게 해석하려는 선생의 태도는 존경받을 만하다고 생각합니다. 하지만 맥락과 상황을 무시한 채 무조건 실천의 잣대를 들이 대미는 것도 문제가 있습니다. 선생은 여기서 자신의 이런 실천주의를 강조하기 위해 『감옥으로부터의 사색』에서 끌어온 내용을 인용합니다.

"자기의 경험적 사실을 곧 보편적 진리로 믿는 완강한 고집에서 나는 오히려 그 정수의 형태는 아니라 하더라도 신의와 주체성의 일면을 발견합니다... 경험이 비록 일면적이고 주관적이라는 한계를 갖는 것이긴 하나, 아직도 가치중립이라는 '인텔리의 안경'을 채 벗어버리지 못하고 있는 나는, 경험을 인식의 기초로 삼고 있는 사람들의 공고한 신념이 부러우며, 경험이라는 대지에 튼튼히 발 딛고 있는 그 생각의 '확실함'을 배우고 싶습니다... 경험 고집은 주체적 실천의 가장 믿음직한 원동력이 되기 때문입니다. 몸소 겪었다는 사실이 안겨주는 확실함과 애착은 어떠한 경우에도 쉬이 포기할 수 없는 저마다의 '진실'이 되기 때문입니다."

선생은 여기서 경험주의적 실천의 신의와 주체성을 인텔리들의 가치 중립보다 위에 놓고 이런 경험 고집을 주체적 실천의 가장 믿음직한 동력으로 생각하고 나아가서 그것을 포기할 수 없는 '진실'로까지 신뢰합니다. 이러한 선생의 생각을 이해는 할 수 있지만 경험주의의 완고한 고집은 마르크스나 엥겔스도 비판했듯 경험 추수주의에 빠질 수 있고, 공자식으로 말하면 '학이불사즉망'이고, 칸트식으로 말하면 '개념이 없는 직관은 맹목blind에 빠지는' 격이지요. 이들의 입장은 이론이나 생각이 없고 개념이 없을 경우에 빠지는 주관주의적 편견과 맹목에 빠질 수 있다는 것을 경고한 점에서 공통성을 가지고 있지요. 그런데 선생은 오히려 정반대로 생각한 것입니다. 선생이 이렇게까지 잘못 생각한 데는 사思의 의미를 충분히 이해를 하지 못한 때문이라고 봅니다.

우리가 공부를 할 때 혹은 책을 읽을 때도 마찬가지지만 어떤 콘셉트나 사유의 틀을 이해하지 못하면 한참을 공부하거나 책을 읽어도 그 의미가 들어오지 않습니다. 그러니까 선생은 어렸을 때 할아버지한테 제대로 배웠으면서도 감옥의 경험 속에서 오히려 정반대로 곡해를 한 것이라 생각할 수 있습니다. 할아버지의 말씀대로 책을 덮고 아무리 생각하거나 사유를 해도 남는 것이 없는 까닭은 아이에게 보편화시키는 개념적 틀이나 사유의 콘셉트가 없기 때문에 나타나는 현상이지, 그냥 생각만 해서는 남는 것이 없다는 의미가 아니지요. 선생의 이런 오류는 감옥에서 생각을 가르쳐 주는 선생이 없는 한계 때문일 수도 있습니다. 선생의 이런 곡해는 일관되게 학이 경험의 울타리를 벗어나게 해주고, 사물이나 현상 상호 간에 맺고 있는 관계성을 깨닫게 해준다고 말합니다. 학을 특정한 문맥을 벗어나 사용할 때는 그런 의미를 띨 수가 있을지 몰라도 "학이불사즉망, 사이불학즉태"라는 말에서는 전혀 다른 의미를 갖지요.

거듭 지적하지만, 선생은 여기서 학을 학문의 체계, 체계적인 인식으로 잘못 이해하고 있습니다. 여기서 말하는 학은 학이불사태망에서 처럼 공부를 해도 그것을 이해하게 해주는 개념적 사유의 틀이 없으면 어둡다(망)는 의미일 뿐입니다. 선생이 말하듯 관계성에 대한 자각과 성찰은 단순히 공부만으로 이어지는 것이 아니라 끊임없이 반성과 사색을 통해 전체를 이해할 수 있는 사유의 형식이나 틀이 만들어져야만 가능한 것이지요. 사思는 개별적인 것에 대한 배움이 아니라 전체성과 통일성 혹은 맥락과 관계성에 대한 반성적이고 개념적인 이해이지요. 그런데 정반대로 생각을 하다 보니 선생은 이론을 관념적으로만 생각하고 실천은 무조건 객관적으로 생각하는 것 같습니다. 하지만 마르크스가 "포이어바흐에 관한 테제"에서 포이어바흐의 추상적 유물론에 대해 그것이 대상, 현실, 감성을 단순히 객체로만 파악한 것을 비판합니다. 오히려 마르크스는 그것을 주체적이고 실천적으로 파악한 것은 관념론에서 왔다고 말합니다. 때문에 이론이나 사思 혹은 개념이 없는 경험 추수주의는 독단, 즉 선생이 말하는 완고한 고집에 빠지는 오류를 보일 수 있는 것이지요.

　내가 지금까지 다소 장황하게 "學而不思則罔 思而不學則殆"에 대한 선생의 해석을 비판해 봤습니다. 물론 나의 이러한 비판으로 인해 『강의』라는 중국 고전에 대한 선생의 빼어난 책의 가치가 손상되는 것은 아니라고 생각합니다. 오히려 선생이 살아계셨다고 한다면 이런 형태의 비판을 반기셨을지도 모릅니다. 우리 모두 진리와 진실을 향해 가는 길동무이기 때문에 얼마든지 그 길에서 서로 비판을 통해 배우고 새로운 생각을 할 수도 있을 것이기 때문입니다. 오직 비판에 열린 사유, 끊임없이 타자에게 대화의 창을 열어 놓는 개방성 만이 진리와 진실을 담보할 수 있기 때문이지요.

10. 우물안 개구리와 조선의 선비들

내가 조선에 대해서 많은 비판을 하다 보니까 사람들은 이 조선의 모든 것을 내가 싫어하는 것으로 생각하는 경우가 많다. 하지만 조선의 선비들은 여러 가지 장점들을 많이 가지고 있는 사람들이다. 그들은 오늘날 식으로 말하면 전문 학자들 혹은 연구자들이라고 할 수 있다. 그들은 자기관리에 철저하고 평생 책을 손에서 놓지 않을 정도로 학구적이다. 성실하고 공부도 열심히 하는 선비들 가운데는 과거 시험에 급제를 해서 국가를 경영하는 관료가 되기도 한다. 양반의 자제가 대부분인 그들은 어렸을 적부터 서당에서 사서삼경을 배우고, 유학에 관련된 대부분의 서적들을 섭렵했다. 그들의 연구나 노력 같은 것은 우리가 상상하기 힘들 정도로 굉장하다. 임진왜란이 일어난 뒤 조선의 많은 유학자들이 일본으로 납치되었는데 그들은 책도 없는 상태에서 오로지 머릿속에서 암기하고 있었던 유학의 경전들을 다시 풀어내어 일본인들에게 유학을 전파했다. 사서삼경이라는 것의 분량이 얼마나 많나? 그 많은 것을 이들은 거의 다 머릿속에 암송을 한 상태에서 그것을 재현할 수 있었다는 것인데, 현대인들은 도저히 생각할 수도 없었던 일을 이들이 해낸 것이다.

하지만 내가 이처럼 뛰어난 조선의 선비들에 대해서 비판하고 있는 점이 하나 있다. 나는 그들의 좁은 세계관을 비판하고자 한 것이다. 그들은 열심히 공부했지만 특정한 세계관, 특정한 프레임에 갇혀서 오로지 그것만 반복하고, 그 외의 것은 배제한 측면이 많았다. 그들은 무엇보다 중화 사대주의와 한문 숭배에 빠져 있었다. 그래서 조선의 세종이 우수한 문자 훈민정음을 만들어 냈음에도 불구하고 그들은 세종 당대에도 이를 비판했고, 그 후로는 아예 외면해 버렸다. 이들은 한결같이 문자를 갖는다는 것은 오랑캐들이나 하는 짓이라고 하면서 폄하했다. 나는 이거 하나만으로도 그들의 죄과가 엄청나게 크다고 생각한다. 만일 조선의 선비들이 세종이 만든 한글에 주목해서 그것을 발전시키고 그것으로 글들을 썼다고 하면은 조선은 서양보다 훨씬 근대화를 빨리 달성했을 것이라고 추정할 수가 있다. 한글을 전용으로 하지는 못하더라도 최소한 한글을 부수적으로 사용만 했어도 그렇게 됐을 것이다. 그럼에도 불구하고 그들은 그런 일을 하지 않았고 못했다. 왜 그랬을까? 나는 이것을 중화 사대주의에 갇힌 조선의 선비들의 좁은 세계관, 다시 말해서 우물 안 개구리와 같은 좁은 세계관 때문에 발생한 것이라고 생각한다. 더구나 이런 사대주의는 봉건 조선에서 사대부 선비들의 기득권을 공고히 해주고 있는데, 한글이 파괴할 수도 있다는 것을 그들은 본능적으로 감지하고 억압한 것이다.

과학사가 토마스 쿤이 이야기한 것처럼 두 가지 부류의 과학자들이 있다. 하나는 패러다임을 만드는 과학자들이 있고, 다른 하나는 이미 주어진 패러다임 안에서 문제 풀이problem solving에만 열중하는 그런 과학자들이 있다. 이를테면 뉴턴이나 아인슈타인 같은 이들은 전자에 속하고, 대부분의 과학자들은 후자에 속할 것이다. 아마도 조선의 선비들은 중화 사대주의와 한문 숭배주의라는 패러다임 안에서 그 패러다임 자체를 보다 근본적으로 반성하지 못하고 그냥 그 패러다임 안에서 주어진 문제풀이만 열심히 했다고 할 수밖에 없다. 나는 그들이 가지고 있는 근본적인 한계와 관련해서는 퇴계나 율곡 그리고 다산도 마찬가지라고 생각한다. 그들이 뛰어난 사상가라는 것 자체는 부인할 수 없는 사실이다. 퇴계와 율곡은 주희의 성리학을 더욱 발전시켰던 점에서는 뛰어난 학자들이지만, 그들 역시 중화 사대주의와 한문 숭배주의를 한 치도 벗어나지 못했다. 어떤 의미에서 실학의 다산도 마찬가지이다. 이 점은 두고두고 아쉽다고 할 것이다. 만약 그들이 중화 사대주의에 대해서 무언가 문제 제기를 하고, 그것을 넘어설 수 있는 어떤 새로운 대안을 모색했다면 어땠을까? 조선의 문제를 총체적으로 반성할 수 있었던 그들이 그러한 중화 패러다임 자체를 벗어나서 새로운 것을 상상하거나 추구하지 못했다는 것이 그들의 근본적 한계이다. 이러한 패러다임을 깨는 데는 어린 백성을 깨우치려고 한 훈민정음에 대한 인식이 절대적으로 중요하다. 그런데 오히려 북학의의 저자인 실학자 박제가는 중국어로 한국어를 대체해야 한다고 역설까지 했다. 학자들은 어떤 의미에서는 항상 창의적 싸움을 통해 기존의 패러다임을 넘어서 새로운 패러다임을 만들려는 시도를 끊임없이 해야 된다. 그럴 때 비로소 창의적인 작업이 이루어질 수 있는 것이 아닌가? 그런데 조선의 선비들은 그런 걸 못했다 그 뛰어난 머리를 가지고, 또한 그 성실한 노력을 가지고 그 일을 하지 못함으로써 조선은 실패한 국가, 마침내 19세기 말에 일본에 먹히는 그런 문약한 국가가 되고 말았다. 이 과정에서 선비들의 책임이 막중하다.

그런데 이런 사대주의가 오늘날 현대 한국의 학자들에게서도 다시 반복이 되고 있다. 왜 그들이 이런 작업을 할 수밖에 없는가가 너무나 아쉽다. 왜 한국의 학자들은 여전히 학술과 사상을 수입만 하려 할 뿐 자신들의 생각을 발전시키려 하지 않는가? 그들은 끊임없이 어디 새로운 것이 없나라는 생각을 가지고서 항상 비즈니스 오퍼상처럼 수입만 하려고 하고 있다. 한 마디로 한국의 대부분의 학자들은 자기 이론이 없을뿐더러 그것을 부끄러워하지도 않는 것 같다. 자기의 독립적인 생각과 이론이 없다는 것은 정말 학자로서 그리고 연구자로서 치명적으로 부끄러운 일이다 그런데 왜 한국의 철학자들은 그런 부끄러움을 느끼지 못하는가?

11. 뉴라이트의 열등 심리학과 컴플렉스

　나는 한국의 학자들이 가지고 있는 가장 큰 병폐 중의 하나가 콤플렉스라고 생각한다. 적당한 콤플렉스는 자기 발전에도 상당히 도움이 될 수 있지만 지나친 콤플렉스는 자기 한계를 스스로 만들어서 자기발전을 막는 경우가 많다. 특히 이런 콤플렉스 현상은 머리 좋은 사람들에게서 더 많이 발견된다. 식민사관의 원조 격인 이병도는 조선사 편수회에서 일본인 학자들 밑에서 컸고, 서울대 국사학과가 그의 영향권 하에서 성장했다. 이들이 식민사관의 전통을 이어 온 것도 이런 지적 콤플렉스의 영향하에 있었기 때문이다.

　마찬가지로 서울대 출신의 뉴라이트 학자들 역시 왜색에 쉽게 빠지고 친일에 굴복했다. 어설픈 두뇌였기 때문이다. 뉴라이트의 사상적 지도자인 안병직은 80년대 대표적인 식반론자(식민지 반봉건주의자)였고, 그의 제자이자 동료인 이영훈은 안병직이 세운 낙성대 연구소의 핵심 멤버이자 서울대 경제학과 교수이다. 안병직은 80년대 후반 이념적 세계관의 붕괴에 정신적 공황을 느끼면서 그 공백을 자유주의에 뿌리를 둔 뉴라이트 이념으로 대체시켰다고 말한다. 나는 이런 정도의 변신은 충분히 이해할 수 있다고 본다. 그 당시 많은 진보주의자나 마르크스주의자들이 여러 형태로 사상적 전향을 시도하기도 했다. 하지만 뉴라이트가 왜색으로 자신들의 색깔을 도배하고 친일로 경도한 것은 사상적 전향으로만 보기 힘들다. 내가 보기에 그들이 이런 식으로 변질된 것은 일본의 문화나 사상에 대해 가진 콤플렉스가 컸기 때문이라고 생각한다.

　과거 조선의 천재 소리를 듣던 최남선이나 이광수의 경우에도 그들이 친일로 전향한 데는 일본의 문화나 사상에 압도된 콤플렉스가 컸다. 그들이 친일의식에 빠진 데는 여러 이유가 있겠지만 그 중에서도 자기 한계에 갇힌 깊은 콤플렉스가 크게 작용한 것이다. 자신의 정체성에 대한 불신과 자신감 부족의 콤플렉스가 그것을 대체하거나 채워줄 수 있는 자기 바깥의 학문이나 사상에 대한 숭배로 이어진 것이다. 이런 식의 숭배는 뉴라이트뿐만 아니라 오늘날 인문학계에 팽배한 구미 사상과 철학에 대한 숭배에서도 똑같이 나타나고 있다. 그런데 왜 뉴라이트는 욕을 먹고 미국과 유럽에 대한 숭배는 학문의 발전을 위한 당연한 것으로 받아들여지고 있는가? 내가 보기에는 정당한 근거가 없다. 한국의 지식인들, 학자들의 밑바탕에는 조선의 사대 이래로 끊임없이 '사대 콤플렉스'가 잠재해 있다. 이런 사대 콤플렉스는 개인이 부인하는 것과 상관없이 그들을 얽매이고 있다. 물론 콤플렉스가 자극의 계기가 될 수 있지만, 지나친 콤플렉스는 자기 검열이자 확장에 커다란 장애가 되고 있다. 오늘날 한류 문화는 이런 콤플렉스를 극복해서 자신의 역량을 맘껏 세계에 펼치고 있는데 왜 뛰어난 머리를 가진 지식인들과 인텔리들은 스스로를 이런 콤플렉스에 가두고 있을까? 나에게는 그것이 수수께끼이다.

12. 김상봉 선생의 『아리스토텔레스의 신학』 출간과 〈한겨레〉 인터뷰

　대중이 철학에 대해 취하는 태도는 크게 보면 두 가지다. 하나는 '철학은 너무 어려워' 하면서 '철학'이라는 글자만 들어가면 외면하는 태도다. 이런 경향은 오늘날 출판계에도 널리 퍼져 '철학' 자字가 들어간 책은 아예 출판하려 하지 않는다. 반면에 한국사회에서는 이상할 정도로 특정 철학자나 철학서를 우상화하고 신비화하는 경향이 있다. 오늘날 대중적 관심이 인문학과 철학을 제대로 이해하거나 파악하지 못하면서 보이고 있는 태도이다. 전혀 상반된 이 두 가지 태도가 한국의 독서 대중들 속에 혼재해 있는 셈이다. 왜 이런 현상이 벌어지고 있을까?

　사실 철학은 개별 학문들보다는 이해하기가 어렵다. 철학이 쉽고 재밌다고 생각하는 사람들도 있겠지만, 그들은 소수일 뿐이다. 대중들은 이런 어려운 철학은 자신들의 소관이 아니라고 외면하는 경우가 있는 반면, 이 철학 속에는 이해는 못 해도 무언가 대단한 게 있다고 생각해서 외경하는 경우도 있다. 한때 크게 유행했던 '강신주 신드롬'도 비슷한 현상이다. 여기서 말하는 대중은 일반인들이나 언론인들 및 비전공 학자들까지 포함될 수 있다. 이런 대중들이 외면하거나 외경하는 것은 어쩔 수 없지만, 철학이나 철학자를 우상화하고 신비화하는 것은 절대 피해야 할 일이다. 영국의 경험주의 철학자들인 프랜시스

베이컨이나 데이빗드 흄, 독일의 임마누엘 칸트와 같은 비판 철학자들은 무엇보다 이런 우상화와 신비화를 비판했다. 비판은 철학의 가장 중요한 정신이다. 동아시아의 전통에서도 대표적으로 중국의 선사들이 이런 우상화를 비판했다. 그들은 말한다. "부처를 보면 부처를 죽이고, 조사를 보면 조사를 죽여라. 殺佛殺祖" 절간의 목불을 태워 군불을 땠다는 단하선사의 이야기는 우상 파괴의 절정이라 할 수 있다. 겨울날 잠시 몸을 의탁한 절의 주지가 아궁이에 불을 때지 않아서 너무나 추운 밤이었다. 그는 본당의 목불을 끌어내 도낏자루로 박살을 내서 불을 피웠다. 이것을 보고 주지가 놀래서 달려왔다.

"왜 불상을 불경하게 태우시오?"
단하가 지팡이로 재를 뒤적거리면서 천연덕스럽게 말했다.
"제가 화장해서 사리를 거두려고요."
"예끼 이 사람아. 목불에 무슨 사리가 있겠소?"
"사리도 안나오는데 남은 불상 2개도 마저 아궁이에 넣어야겠어요."

절간의 부처 상이나 교회의 십자가 등은 불교나 기독교의 상징이지만 따지고 보면 그저 죽은 사물에 불과한 것이다. 요즘의 드라큘라는 십자가를 내보이고 마늘을 내밀어도 코웃음을 친다고 한다. 교회에 하느님이 거주하고, 십자가는 하느님의 상징이라는 말이 구라라는 것을 드라큘라도 안다는 것이다.

전남대 철학과의 김상봉 선생이 오랜 노고 끝에 최근에 <아리스토텔레스의 신학 아리스토텔레스 『형이상학』 제12권에 대한 번역과 주석 전 2권>(길 출판사, 2025)을 출간했다. 집필 기간이 장장 5년이나 걸렸고, 원고지 매수도 무려 1만 2천 매라고 한다. 대학원 시절부터 개인적으로 잘 알고 있는 김 선생의 집념과 끈기, 그리고 학자적인 정신의 산물이라 할 수 있다. 이런 노작이 드문 한국 철학계에서 크게 반길 일이다. 하지만 여기 까지다. 왜냐하면 이 책은 아리스토텔레스의 『형이상학』의 XII 권(Λ)을 번역하고 주석한 문헌학적 연구서일 뿐이기 때문이다. 중세와 근세의 다양한 주석과 해석들을 두루 참조한 노고는 치하할 수 있지만 해석의 창의성이나 저자만의 독특한 해석이 없다고 한다면 큰 의미를 둘 수가 없다. 2권의 방대한 책으로 나왔다고는 하지만 학문적 결과물이 그 내용이 아니라 오직 분량으로 인해 존경을 받는다는 것은 민망한 일이다.

<한겨레> 신문이 김상봉 선생을 띄운 것은 어제 오늘 일이 아니다. 철학자가 종교나 정치 지도자처럼 존경을 받지 말라는 법은 없다. 하지만 한국의 다른 뛰어난 철학자들을 거의 제쳐놓고 김상봉 선생만을 띄워왔던 <한겨레>의 저간의 태도는 눈살을 찌푸릴만하다. <한겨레>는 나름의 이유를 갖고 있을지는 몰라도 내가 보기에는 참으로 불편한 일이다. <한겨레>의 문화면에 소개되는 책들은 대부분이 번역서들이란 점도 눈에 거슬렸는데 이번에 내놓은 김상봉 선생 인터뷰는 특히 더 그렇다. 외국에서는 단순한 문헌학적 연구들을 나열하고 주석한 책의

저자를 언론사까지 나서서 호들갑을 떠는 경우가 거의 없다. 니체가 문헌학자로 스위스 바젤 대학에 재직하던 20대에 내놓은 『비극의 탄생』은 문헌학의 일반적 전통을 벗어났다고 해서 정작 문헌학자들의 반발을 크게 샀다. 그가 바젤 대학을 나오는 계기가 된 이 책은 그리스 정신을 '아폴론적인 것과 디오니소스적인 것'으로 특징화해서 서술한 독특한 책이다. 이런 정도 되면 오늘날 일간지들의 인터뷰감이라 할 수 있을지 모르겠지만. 안타깝게도 천재 니체는 이 책 때문에 대학을 떠나고 인생의 향방이 달라졌다. 물론 후대의 독자들 입장에서 본다면 훨씬 잘된 일이라 할 수 있다.

〈한겨레〉의 인터뷰 기사는 제목부터 거창하다. "물리학 너머 피안을 봤다…서양 철학에서 자유로워졌다" 내가 아직 김상봉 선생의 책을 읽어보지 않았지만 —사실 앞으로도 읽어볼 일은 거의 없을 것 같다— 이 책의 제목과 기사 내용을 미루어본다면 김선생이 무엇을 이야기하고 있는지 대략적으로 알 수가 있다. '물리학 너머 피안'이라는 말은 형이상학Metaphysics 12권의 주제를 시사하는 것이다. 12권은 '신론Theologia'인데, 그것은 물리학Physics을 넘어서 있는 것이다. 아리스토텔레스의 형이상학Metaphysics은 후대의 학자가 그의 저술들을 분류 정리하는 과정에서 물리학Physics(엄격한 의미로는 현대의 물리학과 달리 자연 일반을 연구한 '자연학'이다)과 다른 궁극적 존재(신)를 다루고 있어 meta(넘어서/beyond)를 끌어와 만든 합성어였다. 그것은 운동을 다루는 자연학과 달리 그 원인의 원인을 다룬다는 점에서 자연학을 넘어서 있고 자연학과 다른 분야인 것이다. 아리스토텔레스는 그것을 '원동자 unmoved mover', 말하자면 자신은 움직이지 않으면서 다른 모든 것을 움직이고 그것들의 존재 원인이 되는 궁극적 존재라고 보았다. 바로 이 원동자가 제1원인으로서의 신 theos이다. 김상봉 선생은 그런 의미에서 '물리학 너머 피안'을 봤다고 한 것인데, <한겨레>가 영화 제목처럼 드라마틱하게 제목으로 떡하니 올려놓은 것이다. 물론 그렇지 않을는지는 모르겠지만, 김상봉 선생은 이 신을 자신이 처음 발견한 듯한 뉘앙스를 풍긴다. 하지만 사실상 제1원인으로서의 신은 서양의 실체 형이상학에서 지겹도록 다루어지는 주제이고, 히브리 사상에서 탄생한 가톨릭의 유일신은 중세 천년을 지배했다. 인간을 세계의 주인으로 정립한 근대 철학의 아버지 데카르트 조차 "나는 생각한다. 고로 나는 존재한다"에서 Gogito의 자기 확신을 보증하기 위해 신 God을 끌어 들였다. 그후 이 신은 근대 철학 내내 '숨은 신'(루시앵 골드만)으로 배후에서 끊임없이 영향을 미쳤다. 오죽하면 존재론을 이야기하는 하이데거가 서양의 형이상학의 역사는 '존재신학'(Onto-theologie)의 역사라고 했을까? 이런 내막을 안다면 "물리학 너머 피안을 봤다." 식으로 신비적 뉘앙스를 풍기면서 남들이 보지 못한 새로운 세계를 들여다 봤다는 식으로 제목을 달 수는 없었을 것이다. 무식하면 용감하다는 말이 여기에 해당할지 모르겠다. 너무 띄우려는 생각이 앞서서 그랬을지도 모르겠다.

적어도 "서양철학에서 자유로워졌다."라는 김상봉 선생의 말은 의미가 있다. 그런데 그것이 방대한 주석서를 써서 자유로워졌다는 것인지, 아니면 '물리학 너머 피안'을 보아서 자유로워졌다는 말인지가 애매하다. 내가 보기에 그 어떤 경우든 서양철학으로부터 자유로워질 수 있는 것은 아니기 때문이다. 서양철학자들과 그들의 책들을 아무리 많이 주석을 한다 해도 그들로부터 자유로워질 수는 없을 것이다. 진정한 의미의 자유는 그들과 다른 창의적인 해석, 자기만의 철학을 정리했을 때 비로소 자유라는 말을 쓸 수 있을 것이다. 다른 한편 '물리학 너머 피안'을 본다고 해도 자유와는 거리가 멀 수 있다. 김상봉 선생은 "너희가 내 말에 거하면 ... 진리를 알지니, 진리가 너희를 자유롭게 하리라"(요한복음 8:31-47)는 예수의 말과 같은 의미에서 자유를 말하는 것인가? 문맥으로 보면 그렇지는 않은 것 같다. 혹은 '물리학 너머 피안'을 들여다보면서 서양철학이나 기독교의 신의 정체를 알았기 때문에 더 이상 그런 신에 매이지 않고 자유로워졌다는 것인가? 만일 후자의 의미에서 자유를 이야기한다면 나 역시 성큼 반길 수 있다. 이 땅에서 철학하는 철학자들이라면 더 이상 서구의 종교와 철학에 매이지 않고 우리 자신의 철학을 정립해야 하기 때문이다.

아무튼 오랜 친구인 김상봉 선생의 노작 출간을 축하하고 싶다. 〈한겨레〉 신문의 태도와는 상관없이 참으로 많은 철학자들이 귀감으로 삼고 노력해야 할 것이다. 그리고 전공 학자의 냉철한 비판적 글을 보고 싶다. 우상화가 아니라 비판이 철학의 정신이고, 이 땅의 철학이 자유롭게 발전할 수 있는 길이다.

13. 칸트와 이승만[10]

올해가 칸트 탄생(1724.4.22-1804.2.12) 300주년이 되는 해라는군요. 국내외를 넘어서 칸트 탄생을 기념하기 위해 크고 작은 심포지엄이 많이 개최되고 있습니다. 칸트는 근대 철학의 분수령을 이루고 있습니다. 칸트 철학은 그 이전의 철학이 그리로 모이고, 그 이후의 철학들은 이로부터 젖줄을 대고 있는 거대한 저수지와 같지요. 한국이 서양철학을 받아들일 때 독일 관념론의 영향을 많이 받았지요. 덕분에 칸트나 헤겔의 이름은 철학을 조금만 아는 사람들도 다 알고 있지요. 하지만 칸트의 철학이 무엇이냐고 물으면 당장 머리에 손을 얹고 골치 아파하지요.

내가 보기에 칸트는 한국적 상황에서 시사하는 바가 큰 철학자라고 봅니다. 단순히 칸트 철학의 특정한 내용이 아니라 그이의 철학적 정신에서는 지금도 배울 바가 크지요. 칸트가 『순수이성비판』의 서문에서 이런 말을 한 적이 있습니다. 어떤 사람이 숫염소의 젖을 짜려고 하니까 젖을 받겠다고 그 밑에 통을 들이민다고 했지요. 숫염소의 젖을 짜겠다고 하는 것도 황당한데 그런 제스처를 보고서 통을 들이민다는 것은 참으로

---

[10] 이글은 2024년 12월 21일 KOEX 별관에서 열린 덕수 Forum에서 행한 강연을 수정한 원고이다.

어불성설이지요. 철학의 많은 문제들, 나아가서는 우리가 살면서 부딪히는 많은 문제들이 칸트가 지적한 사항과 멀지 않은 경우를 알 수 있을 겁니다. 칸트는 자기 수업을 듣는 학생들에게 이런 말을 한 적도 있습니다. "요즘 학생들은 철학 공부는 많이 하지만 참으로 철학은 하지 못한다(nicht philosophieren)." 흔히들 철학은 다른 많은 철학자들의 사상의 내용을 열심히 공부하는 것이라고 생각을 합니다. 하지만 다른 철학자들의 철학에 대해 아무리 많이 안다 하더라도 자신이 직접 철학적 정신을 깨닫고 자신의 철학을 하지 못한다면 공염불에 지나지 않지요. 칸트가 학생들에게 말한 것은 바로 그 점을 이해해야 한다는 것입니다. 칸트의 이런 말은 이 땅의 철학자들에게도 중요한 가르침을 일깨워 주는 것이라 할 수 있습니다.

칸트가 영국의 경험론과 대륙의 합리론을 종합한 철학자라는 것은 많은 철학도들이 잘 알고 있을 겁니다. 칸트는 데이비드 흄의 경우에서 보듯 경험론이 회의주의sceptism라는 막다른 골목에 부닥친 정황을 비판하고, 마찬가지로 대륙의 합리론자들이 형이상학적 실체론의 문제에 빠져서 독단dogma에 그치고만 현실을 비판합니다. 칸트는 이들 모두를 동시에 비판하면서 자신의 종합의 철학을 개진한 것입니다. 칸트는 과학계에서 유명한 코페르니쿠스의 혁명의 정신을 경험론과 합리론이 부닥친 딜레마 상황을 푸는 데 적용합니다. 잘 알다시피 코페르니쿠스의 이전의 우주론에서는 지구를 중심으로 태양계의 별들이 움직인다고 생각을 했지요. 톨레미의 우주론이지요. 하지만 이 이론의 부정합성이 여러 곳에서 드러나서 제대로 행성들의 운동이 설명되지 않는 부분들이 많았지요. 코페르니쿠스는 이때 관점을 바꿔서 지구가 태양계의 중심이 아니라 지구도 태양을 중심으로 도는 일개 행성이라는 혁명적인 주장을 폈지요. 마찬가지로 칸트도 대상 우선주의에 빠진 경험주의자들의 인식론을 비판할 때 코페르니쿠스적인 전환을 시도합니다. 말하자면 인식 과정에서 경험주의자들이 말하는 대상이 중심이 아니라 인식 주체를 중심으로 하고, 다만 이 인식 주체의 인식은 경험적 직관의 한계를 벗어날 수 없다는 점에서 합리론자들의 형이상학의 한계를 지정해 주는 전략을 사용한 것이지요. 이때 칸트는 경험주의자들의 장점을 가지고 합리론자들을 비판하고, 마찬가지로 합리론자들의 장점을 가지고 경험주의자들을 비판한 것입니다. 칸트의 이런 전법은 딜레마 상황을 벗어날 수 있는 대단한 묘책이라고 볼 수가 있을 겁니다. 나는 칸트의 방법을 보면서 그가 참으로 '현명하다clever'고 생각합니다. 풀리지 않는 문제를 가지고 무조건 끙끙거리기보다는 시점을 완전히 바꿔 버리는 것이고, 동시에 적을 적으로 제압하는 이이제이以夷制夷의 논법을 쓴 것은 대단한 발상의 전환이라 할 수 있습니다. 나는 칸트의 이런 비판정신과 방법을 배워야 한다고 생각합니다. 칸트의 3비판서에 담긴 미로와 같은 내용들을 공부하는 것도 중요하지만 칸트 철학의 밑바탕에 깔려 있는 정신과 사용한 방법을 진정으로 이해하는 것이 진정으로 칸트가 지적한 철학함philosophieren이라고 할 수가 있지요.

나는 칸트 철학의 정신과 방법을 한국적 상황에도 적용할 수 있을 것이라고 생각합니다. 한국인들은 이른바 '진영논리'의 딜레마에 빠져서 엄청난 사회적 갈등과 분열을 경험하고 있습니다. 한국에서는 아주 사소한 문제들도 몇 번 말싸움을 하다 보면 바로 '진영논리'로 에스칼레이팅되지요. 그리고 이런 진영논리에 빠지면 결코 문제를 풀지 못하고 허우적거리는 게 한국의 많은 사람들의 현실이라고 할 수 있을 겁니다. 나는 이 문제를 풀 때 칸트의 묘책을 사용하면 의외로 쉽게 풀릴 수 있다고 생각합니다. 이런 묘책이야말로 철학이 제시해 줄 수 있는 지혜phronesis라고 할 수가 있지요. 그러면 어떻게 칸트 철학의 정신에 따라 시도해 볼 수가 있을까요? 경험주의자들은 우리의 모든 인식이 경험에서 출발한다는 것, 이른바 사회적 사실의 팩트facts를 분명히 했지요. 나는 이것이야말로 경험주의자들이 보여줄 수 있는 중요한 철학적 기여라고 생각합니다. 있지도 않은 문제들을 가지고 백날을 싸워도 문제를 풀 수가 없을 겁니다. 대표적으로 신God의 존재 여부나 영혼의 불멸성 문제, 세계의 유무한 문제와 같은 형이상학의 문제들이나 선과 악을 둘러싸고 전개되는 도덕적 가치에 관한 문제들이 그렇지요. 경험주의를 완성한 데이비드 흄은 이런 형이상학이나 윤리학을 가치 없이 비판합니다. 반면 경험적 사실이 중요하다고 하더라도 인간의 인식은 그저 로크가 말한 것처럼 '백지상태tabla rasa'로 받아들이는 것은 아니지요. 인간 인식은 합리주의자들이 이야기한 것처럼 a priori(선험적인) 인식의 틀을 가지고 받아들이지요. 칸트가 말한 시공간의 형식과 과학의 12 범주들categries도 그런 예라고 보면 좋을 것입니다. 이런 형식과 범주들을 통해 인식 주체는 능동적으로 경험적 직관을 배열하고 정리를 합니다. 다만 범주들은 반드시 경험에 기초한 것이기 때문에 무제약적으로 신과 영혼과 세계와 같은 형이상학적 대상들에 적용할 수가 없습니다. 만약 적용했을 때 빠지는 문제를 칸트는 『순수이성비판』의 '변증론Dialektik'에서 여실히 보여주고 있지요.

　마찬가지로 한국 사회에서 갈등을 빚는 많은 문제들을 형이상학적 틀을 가지고 보지 않도록 하는 것입니다. 이른바 '이념 논쟁'에 빠지지 않는 것이지요. 팩트 자체에 충실하면 됩니다. 그러면 문제가 쉽게 풀릴 수 있을 겁니다. 다른 한편으로 팩트를 조망하는 인식의 틀도 중요합니다. 이런 틀이 없으면 팩트 자체를 이해하고 해석할 수가 없지요. 다만 이런 틀을 무조건적으로 적용하는 것이 아니라 한계를 지정하도록 노력하는 것이지요. 여기서 칸트 철학이 보여주는 비판적 종합을 시도할 필요가 있습니다. 팩트를 인식 틀로 조명하고, 인식 틀의 한계를 팩트로 지정하는 것입니다. 그렇게 하다 보면 팩트도 필요하고 인식 틀도 필요하며, 마찬가지로 팩트의 한계도 보고 인식 틀의 한계도 보는 것이지요. 그 둘이 가진 각각의 장점을 가지고 상대의 단점을 비판하는 이이제이의 묘책을 사용하는 것입니다. 사실 이렇게 말은 했지만 현실적으로 이해도 잘 안 되고 그 방법도 쉽지 않다고 비난하는 사람들이 있을 겁니다.

2024년에 한국에서는 '건국 전쟁'이라는 영화를 가지고 논란이 많았습니다. 이 영화는 초대 대통령인 이승만에 관한 영화입니다. 이승만은 해방 이후 초대 대통령을 맡았고, 6.25 전쟁 당시 대통령을 지냈고, 그 이후 독재를 하다가 마침내 4.19 혁명으로 대통령직에서 물러나 미국으로 망명한 인물이지요. 그만큼 그를 둘러싸고 많은 갈등과 논쟁이 끊이지 않고 있습니다. 보수주의자들은 건국의 아버지로 미화하고, 진보주의자들은 그를 학살의 원흉, 독재자로 비난하고 있습니다. 이 양 진영 간의 갈등과 불화는 도저히 해결이 불가능해 보입니다. 그렇다면 이 문제에 대해 칸트의 방법을 적용해 보면 어떨까요?

먼저 이승만이라는 역사적 인물이 행한 팩트를 공功과 과過의 차원에서 분리를 해보지요. 그렇다면 과에서 여러 가지 이승만이 저지른 과들이 나올 겁니다. 마찬가지로 공에서도 그 못지않게 여러 가지들이 나올 수 있습니다. 이러한 공과를 판단할 때 주의할 것은 선험적 틀인 이념으로 모든 것을 환원하지 않도록 해야 합니다. 이러한 이념 논쟁에 빠지면 정말 문제를 풀 수가 없기 때문이지요. 하지만 어느 정도는 공을 판단하고 과를 판단할 때 이념 문제가 끼어드는 것을 완전히 막을 수는 없을 겁니다. 이때 그 이념을 절대시 하지 말고 항상 역사적 맥락과 상황을 고려할 필요가 있다고 봅니다. 칸트가 범주를 경험의 한계 내에서 사용할 것을 제안한 정신을 따르는 것이지요. 이때 역사적 공과 과라는 팩트가 중요할 수 있습니다. 이렇게 보면 무조건 건국의 아버지라고 미화할 필요도 없지만, 이승만 전체를 학살과 독재라는 틀 속에 가두어 둘 필요도 없습니다. 우리는 역사를 항상 실용성과 현실성의 입장에서 볼 필요가 있다고 봅니다. 그렇다고 한다면 이승만의 단점도 말할 수 있고, 장점도 말할 수 있을 겁니다. 이승만이 전쟁 전과 전쟁 당시 행한 민간인 학살이나 독재는 쉽게 씻어 버릴 수 없는 과입니다. 반면 이승만이 친미 노선을 걸은 것은 아주 큰 장점일 수 있습니다. 이승만은 미국인들보다 더 미국적 정신을 가졌다는 말을 합니다. 철저하게 개인주의와 실용주의, 그리고 반공산주의를 추종했지요. 덕분에 소비에트의 공산주의를 선택한 북한과 달리 남한은 미국식 자본주의를 따랐지요. 획일적으로 판단할 수는 없어도 해방 후 80년 가까이 흐른 지금 시점에서 남북한의 국가 규모나 국력의 차이는 도저히 비교할 수가 없을 정도입니다. 그 점에서 우리는 이승만이 아무리 밉더라도 부정해서는 안 된다고 봅니다.

칸트 이야기를 하다가 그의 철학적 정신과 방법을 이해해야 한다고 하면서 한국 사회의 진영논리에까지 이야기가 미쳤습니다. 칸트 철학에 관한 이야기는 다른 철학들에게도 마찬가지라고 생각합니다. 우리는 그 철학의 정신과 방법을 배워야지, 단순히 특정한 철학의 내용만 암기해서는 안 된다고 봅니다. 이 땅의 수많은 철학도들이 칸트를 공부하고 연구를 했지만 칸트의 철학적 정신과 방법을 구현해서 우리 철학의 방법을 정립하고 우리 현실의 문제를 해결하기에는 아직도 갈 길이 멉니다. 우리가 해야 할 '철학함'은 바로 그런 것이 되어야 하지 않을까요?

14. 박정희의 5.16, 혁명인가 쿠데타인가?

한국인들의 불행은 진영을 불문하고 서로를 인정하지 못하는 데 있다. 그중에는 5.16 혁명을 혁명으로 인정하는 못하는 것도 크다. 한 쪽에서는 박정희에 대한 반감이 워낙 크다 보니 5.16을 군인들의 단순 쿠데타 정도로 폄하를 하고, 다른 쪽은 5.16이야말로 조국 근대화를 시작한 위대한 혁명으로 간주한다. 하나의 역사적 사건을 두고 서로 간에 완전히 상반된 해석을 하고 있는 셈이다. 한국 정치의 고질 병인 진영 논리는 이 역사적 사건을 두고 정반대의 시선을 고집하고 있다. 나는 이것이 불행하다는 것이다.

왜 5.16이 혁명이 아닌가? 5.16은 4.19 혁명 이후 무능하고 혼란스럽게 국가를 끌어온 장면 정부에 실망한 일단의 군인들이 일으킨 사건이다. 이 5.16 군사 정변의 형식은 군인들이 일으킨 군사 반란이지만, 내용은 조국 근대화를 목표로 한 정치군인들의 혁명이다. 모든 혁명이 그렇지만, 혁명은 기존 정부나 통치 기반을 무력화하고 전복하는 데서 출발했다. 박정희 소장을 중심으로 한 혁명 세력은 이러한 전복에 성공을 했고, 그 이후 이들 주체 세력은 '혁명 공약'을 내 세웠다. 이러한 공약 하나 만으로도 그들은 분명한 목적의식을 갖고 군사 혁명을 시도했다고 볼 수 있다.

5·16 군사 정변 시 내세운 혁명 공약[11]

1. 반공을 국시의 제일의로 삼고 지금까지 형식적이고 구호에만 그친 반공태세를 재정비 강화한다.
2. 유엔 헌장을 준수하고 국제 협약을 충실히 이행할 것이며 미국을 위시한 자유우방과의 유대를 더욱 공고히 한다.
3. 이 나라 사회의 모든 부패와 구악을 일소하고 퇴폐한 국민 도의와 민족정기를 다시 바로잡기 위하여 청신한 기풍을 진작시킨다.
4. 절망과 기아 선상에서 허덕이는 민생고를 시급히 해결하고 국가 자주 경제 재건에 총력을 경주한다.
5. 민족적 숙원인 국토통일을 위하여 공산주의와 대결할 수 있는 실력 배양에 전력을 집중한다.
6. (군인) 이와 같은 우리의 과업이 성취되면 참신하고도 양심적인 정치인들에게 언제든지 정권을 이양하고 우리들 본연의 임무에 복귀할 준비를 갖춘다.

   (민간) 이와 같은 우리의 과업을 조속히 성취하고 새로운 민주공화국의 굳건한 토대를 이룩하기 위하여 우리는 몸과 마음을 바쳐 최선의 노력을 경주한다.

---

11) 『동아일보』 1961년 5월 16일(호외), 「오늘 미명 군부사 반공 혁명, 장도영 중장이 총지휘, 장면 정권을 불신임, 군사혁명 위서 성명 발표」(국사편찬 위)

혁명 주체 세력들이 최초로 내놓은 이 성명에는 여러 가지 내용이 있지만 그중에서도 특히 분단국가의 반공을 분명하게 국시로 삼고, 기아 선상에서 허덕이고 있는 민생고를 시급히 해결하고, 새로운 민주공화국의 굳건한 토대를 만들기 위해 최선의 노력을 경주하겠다고 적었다.

　이런 것 하나 만으로도 5.16을 주도한 세력들은 국가의 미래를 위해 분명한 목적의식을 갖고 사선을 넘는 행동을 한 것이다. 정권을 장악한 후 그들은 반공과 조국 근대화를 최상의 목표로 삼고, 이 일에 매진을 했다. 이것을 실행하는 과정에서 여러 가지 잡음도 있었지만, 5.16 혁명으로 근대화의 첫 삽을 뜬 한국은 경제 발전에 최선의 노력을 기울였고, 외부에서도 그것을 성공적이라고 평가했다. 모든 것을 이들이 다 한 것은 아니지만, 적어도 5천 년을 이어온 가난의 고리를 끊고서 경제 발전을 이룩한 공로는 분명히 인정할 필요가 있다. 그들은 '하면 된다'라는 구호를 앞세우고 무력감에 빠진 한국인들의 정신개혁을 시도했고, 새마을 운동과 수출 주도의 경제를 강력하게 밀어 부치면서 한국 경제의 체질을 완전히 바꾸어 버렸다. 박정희의 이런 정책은 해방 후 똑같이 출발했지만, 현재는 비교가 불가능할 정도로 남북 간의 체제의 현격한 차이만 보아도 알 수가 있다. 물론 박정희 정권이 후반으로 갈수록 집권을 강화하기 위해 3선 개헌을 하고, 민주주의를 억압한 유신 파쇼 체제로 흘러갔던 점은 분명히 과오 할 수 있다. 하지만 그런 과오 자체가 5.16의 공로를 가릴 수는 없다. 과는 과이고, 공은 공이기 때문이다.

그런데 좌파 진영이 박정희의 과만 강조하면서 5.16을 혁명이 아닌 군사 반란으로 폄하하는 것도 문제지만, 우파 역시 5.16에 대해 자신들의 신념만 표현할 줄 알았지 그것을 뒷받침하는 정교한 논리를 제대로 개발하지 못했다. 이런 어중간한 입장 때문에 5.16 후 한국이 근대화에 크게 성공한 것을 인정하는 국민들이 많이 있음에도 불구하고 그것을 대변하지 못했다. 그들은 그저 돌발성 발언을 통해 5.16을 '위대한 혁명'으로 진술했다가 반발이 심하면 그 말을 거둬들이면서 그런 요소도 있다는 식으로 밖에 변명하지 못했다. 최근 신원식 신임 국방 장관의 발언과 태도가 하나의 상징적 예이다. 더 안타까운 것은 태극기 부대나 엄마 부대 같은 퇴물 극우 세력들이 구호 남발 식으로 이런 주장을 펼 뿐 제대로 된 역사적 기록과 평가를 하지 못하는 데도 있다. 이 점에 대해서는 정치학자들이나 역사학자들도 마찬가지이다. 이런 태도로 인해 5.16은 큰 업적을 이룩했음에도 불구하고 부정당하고 있다. 자신들이 이룩한 공을 부정하는 태도는 일종의 자학적인 역사관이나 다름없다. 나는 이 점에서 좌파건 우파건 그것을 좀 더 전향적으로 받아들이고 자랑스러운 한국인들의 역사로 평가할 필요가 있다고 본다. 왜 혁명을 혁명이라 부르지 못하는가?

15. 김훈과 김민웅 둘 다 틀렸다.

1. 중앙일보의 '내 새끼 지상주의 파탄...공교육과 그가 죽었다.'[12] [김훈 특별기고]

— 소설가 김훈, 교사 집회 현장을 가다. "지난달 29일 오후 2시에 전국 교사 3만여 명이 서울 광화문 앞거리에 모여서 '교육권 보장'을 외쳤고, '악성 민원'에 시달리고 짓밟히는 교육자의 고통을 호소했다. 교사들은 교육자의 '교권'뿐 아니라 '인권'과 '생존권'까지도 절규했다. 서울교육대학교 교수 10여 명이 이날 집회에 참가했고, 교수 102명의 이름으로 성명을 발표했다. 이에 대한 김훈의 논지는 간단하다. 그는 서이초등학교의 젊은 여교사의 죽음에 절규하는 교사들의 집단 농성을 취재하면서 그것의 핵심 본질을 '내 새끼 지상주의'로 규정했다. 여교사의 죽음은 학부모의 악성 민원 때문이며, 이는 "한국인들의 DNA 속에 유전되고 있는 '내 새끼 지상주의'에 기인한다"고 보았다. 이런 태도는 부와 권력을 가진 층에서 더욱 잦고 위협적이며, 이로 인해 공동체의 가치가 완전히 훼손되었다고 본 것이다. 이런 논지 끝에 김훈은 정치적으로도 예민한 조국과 그의 부인을 끌어들인다. 그들이야말로 '내 새끼 지상주의'로 인해 '영세불망永世不忘의 지위에 오른 인물'이란 것이다.

2. 사실 김훈의 논지는 일단 여교사 죽음의 본질을 '내 새

---

[12] https://www.joongang.co.kr/article/25182441

끼 지상주의'로 본 데서 피상적일 뿐 아니라, 조국 부부를 끌어들여 그것을 완성하려 한 데서 삼천포로 빠지고 말았다. 자기 새끼를 잘 먹이고 일등으로 만들려고 하는 욕망은 한국 부모들만의 것이 아니다. 오히려 그것은 인간의 보편적 욕망에 해당한다고 할 것이다. 오래전 플라톤은 가족의 사적인 욕망이 공화국을 망칠 수 있다고 해서 무리하게 '가족 공유제'를 주장한 바 있다. 헤겔 역시 내 새끼나 내 가족만 우선하려는 여성들의 사적 욕망을 '여성의 영원한 아이러니Irony'라고 비판했었다. 그러므로 문제의 본질은 '내 새끼 지상주의'가 아니라 그런 사적 욕망을 법적이고 제도적으로 막아내지 못한 데 있다고 보는 것이 옳다. 사적 욕망에 모든 책임을 돌리는 것은 '허수아비 논증의 오류'이며, 보다 중요한 것은 학교 담장을 넘도록 그것을 방치한 책임이 훨씬 크다.

3. 특히 교육열이 강한 한국의 엄마들의 욕망을 교사 개인이 상대하기에는 너무나 벽이 높다. 그러한 욕망은 한국인의 높은 교육열로 치장되고 있기 때문에 무조건 막기가 쉽지 않은 것이다. 때문에 그것은 학교 당국이나 전교조나 교원 단체, 그리고 교육부 등이 나서서 법적이고 제도적으로 막아줘야 할 부분이다. 왜 학생들 가르치기도 쉽지 않은 일개 교사를 학부모들의 이런 이기적 욕망에 맞세우려 하는가? 교육 현장에서 오랫동안 교육 현실을 개선하고 교권 보호를 외쳐왔던 전교조는 도대체 이런 문제들을 두고 무엇을 했는가? 학교 당국이나 교

육부는 이런 현상이 빈발하도록 지금까지 무엇을 했단 말인가? 이런 문제들을 외면한 '내 새끼 지상주의'는 생물학적 환원주의로 교육 문제를 왜곡하는 위험한 논리이다.

4. 이번 교사들의 집단 항의 농성이 정치적으로 왜곡될 것을 우려해 일체 정치인의 개입이나 정치적 발언을 차단하려 한 농성위원회의 충정은 이해할 수 있다. 시위 현장에 정치인의 흔적이 보이지 않는다고 해서 김훈이 그것을 정치 부재나 실종으로 보는 것도 지레 짐작이다. 마찬가지로 교사의 죽음을 '공교육의 죽음'으로 끌고 가려는 것도 위험한 논리이다. 사실 한국의 '공교육의 죽음'은 훨씬 전부터 이야기된 것이고, 그 핵심도 학부모들의 학사 행정 개입보다는 훨씬 더 뿌리가 깊고 광범위하다. 그것은 과도한 입시 위주 경쟁으로 인해 교육을 사교육에 맡겨 버린 학교 현실에 있다. 그리고 이런 현실은 교사들에게도 막중한 책임이 있다. 그런데 그 문제를 제쳐 놓고 은근 슬쩍 젊은 여교사의 죽음을 공교육의 죽음으로 바꿔치려는 것은 사태의 왜곡이나 다름없고 무책임한 것이다. 참으로 공교육을 살리기 위해서 교사들 역시 무엇을 해야 하는가를 고민해야 하며, 만약 그 과정에서 학부모 민원이 방해가 되었다고 한다면 학교가 제도적 차원에서 막는 것이 순리다.

5. 김훈이 '내 새끼 지상주의'를 조국 부부로 물타기하면서 완성하려 한 것에 대해 김민웅 교수가 발끈했다[13].

"중앙일보에 실린 '내 새끼 지상주의의 파탄'이라는 김훈의 글은 교사들의 입장을 옹호하겠다고 쓴 칼럼으로 보인다. 그것도 '특별기고'라는 대접까지 받았다. 그런데 읽어 가다가 도중에 '이게 뭐지?' 하게 된다. 교사에 대한 갑질과는 아무 상관도 없는 조국을 난데없이 끌어들이고, 논지의 타당성이 전혀 정돈되지 못한 횡설수설이었다."

김민웅 교수의 비판은 나름 일리가 있다. 난데없이 조국 부부를 소환한 것도 문제지만 같은 논리로 정순신, 이동관을 빼는 것은 편파적인 논리라는 것이다. 이런 볼멘 비판은 김훈이 '영세불망'이라는 수사적 표현을 쓴 것을 감안한다면 충분히 설득력이 있다. 그만큼 조국 부부가 미친 영향이 컸기 때문이다. 김민웅은 공교육의 문제를 해결하는 데 정치를 배제할 수 없는 현실을 잘 파악했다. 하지만 김민웅이 공교육의 문제를 일관성 있게 파헤치지 못하고 엉뚱하게 김훈에 대한 인신공격성 발언으로 몰고 간 것은 실책이 아닐 수 없다. 사실 이런 배경에는 평소 김훈 작가에 대한 감정이 좋지 않은 탓이 있을 것이다. 김민웅은 엉뚱하게 논지를 비약시켜서 지식인 김훈의 파탄 운운하면서 『칼의 노래』에 나온 이순신의 감정 묘사까지 시비를 걸고 있다. 왜적과 선조에 둘러싸여 이순신이 죽음을

---

13) https://www.mindlenews.com/news/articleView.html?idxno=4522. '칼의 노래' 지은 김훈, 그의 붓이 부르는 슬픈 노래.

선택할 수밖에 없었다고 한 것은 오로지 김훈의 해석일 뿐 그 것을 제3자가 가타부타할 필요는 없다. 그리고 그런 감정을 시비 건다고 하더라도 왜 여기서 하는 지가 설득력이 없다. 논쟁에서 인신공격을 시도하는 것은 아주 궁박한 오류일 뿐이다. 그가 이런 실책을 범인 데는 진영 논리가 앞선 탓이라 할 수 있다. 김민웅이 비판적 논증가의 역할에 충실하려면 김훈의 조국 물타기를 타겟으로 삼기보다는 논리적으로 허점이 많은 '내 새끼 지상주의' 밑에 깔린 '생물학적 환원주의'를 비판했어야 할 것이다.

6. 김훈의 '내 새끼 지상주의의 파탄'이란 말은 표현상으로는 강렬할 수 있을지 몰라도 과녁을 잘못 맞춘 것이다. 김웅의 김훈 비판 역시 필자가 보기에 감정이 앞서다 보니 정작 가려운 곳을 제대로 긁지 못했다. 만약 지식인 김훈의 글을 파탄이라고 한다면, 김민웅의 비판 역시 파탄의 또 다른 형태일 뿐이다.

III. 철학과 사상 비판

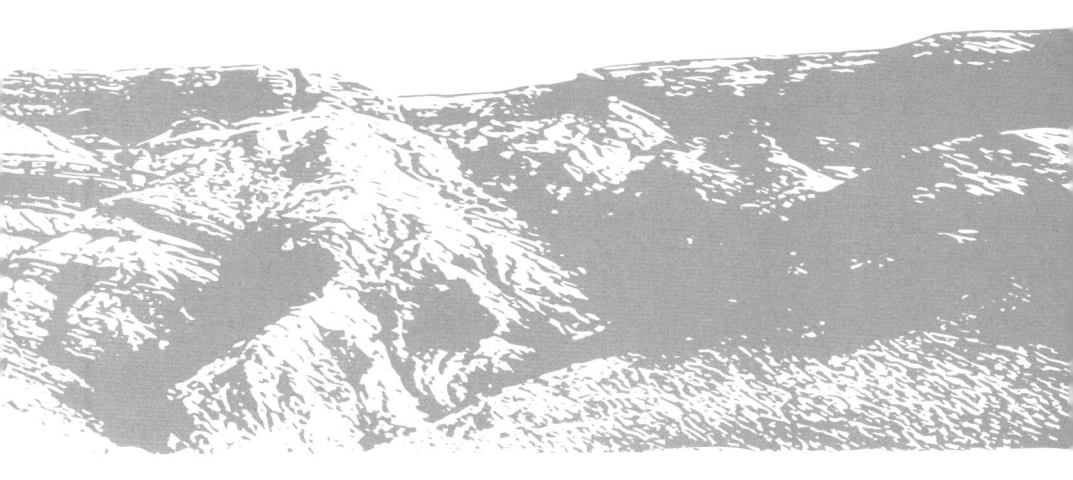

1. 포이어바흐의 기독교 비판에 대한 재비판

마르크스가 약관 27살에 쓴 〈포이어바흐에 관한 테제〉는 단 11개의 명제로 이루어진, A4 용지 2장이 안 되는 짧은 글이다. 명문이나 명저가 반드시 많은 양의 글과 연관된 것이 아님을 보여주고, 요즘처럼 엄격한 각주를 많이 달아야 하는 것도 아님을 보여준다. 이처럼 각 절에 번호를 붙여 글을 쓰고 아무런 각주도 없는 글로 유명한 것으로는 비트겐슈타인의 『논리철학 논고』도 있다.

〈포이어바흐에 관한 테제〉는 기본적으로 포이어바흐의 기독교 비판에 대한 재비판이다. 재비판이라면 부정의 부정과 같이 이중 부정을 거쳐 본래의 입장으로 돌아간다든지 혹은 그것을 옹호하는 것으로 보일 수도 있지만 실상은 그것이 아니다. 마르크스의 비판은 포이어바흐의 기독교 비판의 한계를 비판한 것이고, 그 비판을 더욱 확장시키는 비판이다. 마르크스는 이 비판을 통해 비로소 '불의 강Feuer-Bach'을 넘어서 독자적으로 사유를 하게 된다.

포이어바흐는 헤겔 사후 독일의 젊고 급진적인 지식인들의 모임인 '박사 클럽'의 수장 역할을 한 철학자이다. 헤겔이 죽고 나자 헤겔이 평생 쌓아 올린 '정신의 왕국'은 사분오열이 된다. 젊고 비판적인 지식인들은 헤겔의 절대 관념 철학이 당대 독일 현실을 호도하고 유화하는 것으로 보고 첫 번째로 그의 국가 철학과 종교 철학을 지목한다. 이에는 "이성적인 것이 현실적인 것이고, 현실적인 것이 이성적이다"(G.W.F, Hegel, 『법철학 강의』, 서정혁 옮김, 교보문고)라는 헤겔의 유명한 명제와도 관련이 있다. 당대 독일의 현실은 경제 현실도 낙후되어 있고, 사상적으로도 엄격한 검열과 통제가 이루어지는 등 여전히 봉건주의 체제하에 있었다. 이런 현실을 어떻게 합리적이고 이성적인 것으로 미화시킬 수 있는가? 하지만 당시 독일의 현실에서 국가를 상대로 한 정치 비판은 쉽지 않았다. 정치 비판을 직접적으로 하기 어려운 시절에 종교 비판은 일종의 우회로를 이용한 비판의 한 형태였다.

인간이 절대자 신이나 지상 낙원을 염원하는 것은 인간이 처한 현실을 반영하는 것이기도 하다. 인간의 무력하고 유한한 삶에 대한 부정으로서 절대자를 요구하고, 현실의 삶이 고단하고 비참할수록 천상의 낙원에 대한 꿈을 키우기 때문이다. 말하자면 신과 낙원은 인간 현실의 욕구의 반영일 뿐인 것이다. 이런 맥락에서 포이어바흐는 신이 인간을 창조한 것이 아니라 인간이 신을 창조한 것이고, 천상의 본질은 지상 속에 있으며, 그리하여 신학의 본질은 인간학에 있다고 본다. 마찬가지로 그는 헤겔의 관념론을 현실을 머리로 이고 있는 전도된 철학이고, 그 본질은 종교와 다르지 않다고 본 것이다. 이 점에서 포이어바흐의 종교 비판은 독일의 현실과 국가, 그리고 헤겔의 관념론에 대한 비판이다. 한 마디로 포이어바흐는 종교나 헤겔 철학의 본질을 관념론으로 파악하고 유물론적으로 전도시키려고 했다고 할 수 있다.

사실 서양의 전통에서 '신의 문제'는 배제하기 힘들 정도로 유별나다. 이런 현상은 창조 신앙을 강조하는 히브리 민족뿐만이 아니다. 그리스 철학에서도 플라톤의 '선의 이데아'나 존재의 첫 번째 원인으로서의 아리스토텔레스의 '신'도 모든 존재의 궁극 원인으로 존재한다. 원인에 원인을 찾다 보면 첫 번째 원인이 있지 않을까라는 생각을 할 수 있다는 점에서 제1 원인으로서의 신은 사유의 궁극에 존재한다. 이 점에서 하이데거는 서양 형이상학은 그 본질에 있어 존재-신학(Onto-Theology)이라고 말한다. 존재의 원인과 원리에 관한 존재론이자 동시에 이 존재의 궁극 원인으로서의 신에 관한 신학이란 의미다. 이런 현상은 주어-술어 문법으로 짜인 인구어 전통에서 불가피한 현상이기도 하다. 여기서는 항상 그것을 그것임으로 만들어 주는 원인의 원인을 추구하는 인과적 사고가 중심을 이룬다. 동시에 그 원인이 끝나는 곳에서 초월적 존재로 이행하거나 요청하는 것이다.

반면 동아시아의 자연철학을 대변하는 『주역』의 자연관은 전혀 다르다. 여기서는 무극이 태극(無極而太極)이고, 이 태극의 운동을 통해 음陰과 양陽이 나오고, 4상四象과 팔괘八卦가 나온다. 자기 원인과 자기 운동을 통해 만물이 나오는 형태다. 괘를 이루는 음효와 양효를 볼 때 각각의 효는 그저 음과 양 이상의 의미가 없다. 6개의 효가 결합해서 하나의 괘를 이룰 때 이 괘 안에서 차지하는 효의 위치와 이 효들 상호 간의 관계와 작용이 중요하다. 적어도 서양적 의미에서의 독립자존하는 개별자는 없다. 모든 것은 상호 관계를 이루고 있고, 이런 관계 속에서의 위상과 작용이 개별자의 운명을 결정한다. 각각의 괘들도 여러 가지 형태의 관계를 통해 상호 연결되어 있을 뿐, 이런 괘들로 이루어진 우주 밖의 어떤 초월적 존재는 없다. 달리 말하면 서양적 형태의 초월적 신이 자리 잡을 틈이 상당히 제한될 수밖에 없다고도 하겠다. 이런 사고에서는 굳이 신을 이야기한다면 우주와 자연의 이법理法 정도라고 할 수가 있다. 장자가 부인의 죽음을 통해 이런 이법을 깨닫고 덩실덩실 춤을 추었다는 것은 유명한 이야기다.

데카르트의 '방법적 회의懷疑'는 새로운 시대의 새로운 형이상학, 즉 신 중심이 아닌 인간 중심의 철학을 시작한다는 점에서 획기적이라 할 수 있겠지만, 여전히 주술 문법의 인과론을 벗어나지 못했다. 회의懷疑를 통해 회의되지 않는 Cogito가 첫 번째 원인으로 등장했지만, 이런 유한 실체는 다시금 자신의 관념의 확실성을 보장받기 위해 무한실체로서의 신을 요구할 수밖에 없다. 데카르트의 시도는 신이 우선하는 존재론적 질서를 인식론적 혁명을 통해 전도시켰을 뿐, 신 자체를 거부하지 못했다는 점에서 여전히 서양적 사고의 틀 속에 갇혀 있다. 신을 자기 원인과 본성에 따라 작용하는 유일한 실체로 본 스피노자의 신은 유대 기독교적 사고의 신을 벗어나 있다. 그가 말하는 비목적적이고 비초월적인 신은 말만 신이지 철저히 자연의 원리이자 이법과 같은 것이라고 할 수 있다. 아마도 히브리적이고 헬라적인 신에 대한 근본적인 반역은 스피노자에게서 마련되었다고도 볼 수 있다. 이로부터 왜 스피노자가 유대 공동체에서 파문을 당하고, 신을 모독했다는 이유로 비난과 저주를 받은 이유를 짐작해 볼 수 있을 것이다. 칸트는 이런 신의 문제를 인간적 사고의 한계로 제시하고 신의 문제는 '믿음과 종교의 문제'에 해당한다고 본다. 그에게서 신은 있다고도 할 수 없고, 없다고도 할 수가 없다. 다만 신은 필요에 의해 요청되는postulate 신일뿐이다. 이런 상태에서 19세기의 후반에 니체는 드러내 놓고 신의 사망선고를 확인한다. 그가 내린 신의 사망 선고는 오랜 기간 서양적 사고를 지배해온 기독교적 세계관의 종말을 말하는 것이나 다름없다.

신이 인간을 창조한 것이 아니라 인간이 신을 창조했다는 포이어바흐의 비판은 이런 반기독교적인 현실의 연장 속에 있다. 그는 당대의 유물론의 관점에서 신과 인간의 관계를 뒤집기 하려 한 것이다. 신이 주인이 아니라 인간이 주인이고, 신학의 본질은 인간학이며, 따라서 천상의 비밀은 지상 속에 있다고 포이어바흐는 단호하가 말한다. 하지만 이때 새로운 주인이라고 할 인간은 어떤 인간인가? 마르크스의 비판은 바로 이 지점에서 시작하는 것이다. 마르크스가 보기에 포이어바흐는 유물론적 관점에서의 전도에는 성공을 했다. 포이어바흐에 따르면 인간은 더 이상 관념이나 정신이 아니라 몸을 지닌 존재다. 다만 이런 인간을 포이어바흐는 경험주의의 차원에서 수동화한 한계를 벗어나지 못했다. 아울러 그는 이런 인간이 믿는 종교적 세계의 세속적 기초가 '시민사회'에 있다는 것도 알지 못했다. 그러므로 마르크스의 네 번째 테제는 이렇다.

"포이어바흐는 종교적 자기소외Selbstentfremdung라는 사실, 즉 세계가 종교적 세계와 현실적 세계로 이중화verdopplung 된다는 사실로부터 출발한다. 그는 종교적 세계를 그 세속적 기초 안에서 해소하려고 노력한다. 그러나 세속적 기초가 그 자신으로부터 이탈하여 구름 속에서 하나의 자립적 영역으로 고착된다는 사실은 이 세속적 기초의 자기분열 및 자기모순에 의해서만 설명될 수 있다. 따라서 이 세속적 기초 그 자체는 우선 그 모순 속에서 이해되어야 하며, 다음에는 이 모순을 제거함으로써 실천적으로 변혁되어야 한다. 따라서 예컨대 지상 가족이 신성 가족heilige Familie의 비밀임이 폭로된 이상은 이제 지상 가족 자체가 이론적 및 실천적으로 전복되어야 한다."

2. 헤겔과 청년 마르크스의 철학관

청년 마르크스가 쓴 〈포이어바흐에 관한 테제〉 11에 보면 인구에 회자되는 명문이 나온다.

"지금까지의 철학자들은 세계를 다양하게 해석해왔다(interpreted). 그러나 중요한 것은 세계를 변화시키는(change) 것이다."

사실 이 명제는 수사적인 차원에서 본다면 아주 멋진 명제이다. 철학의 역할을 단순히 해석만 하는 것이 아니라 실천적으로 세계를 변화시킬 수 있다면 얼마나 좋은가? 일찍이 헤겔은 "미네르바의 올빼미는 어둠이 이윽해서야 날기 시작한다"라고 했다. 철학은 현실이라는 무대가 막을 내린 후에야 비로소 지금까지의 현실의 여러 가지 모습들과 사건들을 해석하는 것이 과업이라고 규정하는 것이다. 그런 의미에서 헤겔이 생각한 철학은 미래학처럼 현실을 앞서 규정할 수 없고, 언제나 후행적으로 해석을 할 수 있을 뿐이다. 이러한 후행적 반성과 성찰을 통해 철학은 현실에 대한 사람들의 생각을 확장시키고 심화시키는 역할을 할 수 있다.

흔히 헤겔을 독일 관념론의 완성자이자 절대 관념론자로 이야기를 하지만, 헤겔의 철학 속에는 다른 어떤 철학자들 못지않게 시대와 현실이 녹아 있다. 그의 관념론은 영국의 경험론자들이 말한 주관적 관념론이 아니라 늘 현실과 연관되어 있고, 그 현실의 참다운 모습을 정신의 관념 속에서 드러내고자 했다. 이러한 관념론은 굳이 비교를 찾자고 하면 플라톤 식의 실재론을 찾을 수 있을 것이다. 플라톤은 자신의 이상주의의 기획에 따라 완벽한 세상을 건설하고자 한 또 다른 의미의 현실주의자였다.

그런데 마르크스는 이러한 식의 철학에 대한 해석을 거부하면서 철학의 보다 적극적인 역할은 현실 변혁에 있다고 했다. 마르크스의 말에 따르면 철학은 후행적이고 수동적으로 현실에 대처하는 것이 아니라 자신의 이념에 따라 적극적으로 현실에 개입해서 그것을 바꿔나가야 한다고 한 것이다. 하지만 도대체 철학이 어떻게 현실을 바꿀 수 있을까?

1980년대 한국사회에서는 철학이 현실 변혁의 브레인 역할을 해야 한다는 생각이 지배적이었다. 그 당시에는 다른 어느 때보다 철학과 현실의 관계가 밀착되어 있었다. 그 이전 세대의 철학자들은 현실과 유리된 상태에서 혹은 현실에 대해 수동적인 상태에서 철학을 교과서 안에서 배웠다. 반면 1980년대의 젊은 철학도들은 다른 사회과학들과 마찬가지로 철학 역시 시대의 아픔에 동참해서 그것을 해결해야 한다고 생각했다. 그 당시의 젊은 철학도들의 생각에 따르면 철학은 시대와 무관하거나 후행적인 것만은 아니었다.

하지만 냉정히 생각한다면 철학은 이데올로기를 제공할 수는 있어도 당장 대중을 선동하는 프로파간다가 될 수는 없다. 철학은 사람의 생각과 견해를 바꿀 수 있는 지혜를 제공할 수 있지만, 당장의 현실을 뒤엎는 선동가가 될 수는 없다. 그런 의미에서 앞서 언급한 마르크스의 명제는 수사학적 의미는 있을지 몰라도 사실 아무것도 말한 것이 없다. 오히려 스토아 철학자들이 말한 것처럼 "내가 세상을 바꿀 수는 없지만 세상에 대한 나의 생각과 태도는 바꿀 수 있다"라는 말이 더 진실에 가까울 것이다. 이제는 철학이 현실 변혁보다는 현실에 대한 철학자의 태도 조정에 관심을 갖는 것이다.

생각과 태도의 변화가 현실에 영향을 줄 수 있다는 것은 분명하다. 회의적인 생각은 모든 것을 의심하게 되고, 나르시즘적 생각은 우물 안 개구리를 만들 수 있다. 낙관적인 생각은 세상을 밝게 만들 수 있고, 혁명적인 생각은 세상을 바꾸는 데 일정한 역할을 할 수가 있다. 철학은 이러한 생각과 태도에 영향을 미칠 수 있다. 이런 식의 태도 조정은 고대 로마의 노예 철학자들이 보여준 것과 비슷하다. 자그마한 폴리스에서 성장한 그리스 철학이 공공의 철학이었다고 한다면, 로마라는 거대한 제국의 철학자들은 사회 현실보다는 자기 자신의 내면의 자유와 관련된 개인주의 철학을 발전시켰다.

과연 헤겔의 말처럼 미네르바의 올빼미는 어두워져서야 날기 시작한다는 말이 철학에 가까운가 아니면 마르크스의 말처럼 "지금까지의 철학자들은 세계를 다양하게 해석해왔다(interpreted). 그러나 중요한 것은 세계를 변화시키는(change) 것이다." 는 말이 철학의 역할에 더 어울릴까? 이러한 차이는 철학 연구자 개개인의 태도와 깊은 연관이 있을 것이다.

3. 한글 유감

　세종이 창제한 훈민정음은 인류사에 유례가 없을 만큼 대단한 발명이다. 조선의 유학자들이 아무리 뛰어나다 해도 한글을 외면한 점에서 그들은 백치나 다름없다. 세종 대왕이 한글을 창제한 해가 1423년이고, 공표한 해가 1443년인데, 비슷한 시기 유럽은 중세말 르네상스 시기이고, 루터의 종교 개혁은 그보다 훨씬 뒤인 1517년 이후에 시작되었다. 만일 그들이 한글의 중요성을 깨닫고 그것을 적극 사용했다고 한다면 조선의 역사는 한결 달라졌을 것이고, 조선의 근대화가 서구를 훨씬 앞질렀을지도 모른다는 가정도 가능할 것이다. 그런 점에서 한문 숭배에 빠진 조선의 사대부들이 한글을 의도적으로 무시한 죄과는 참으로 크다. 한글은 20세기 한국의 정보 혁명의 가장 강력한 견인차 역할을 하면서 한국의 근대화를 이끌었다.

　하지만 한글을 사용한다고 해서 한글로 모든 것을 표현할 수 있는 것은 아니다. 한글 역시 동아시아 공통의 문화적 자산인 한문을 완전히 외면할 수 없다. 그리고 서구의 근대화를 수용하는 과정에서 일본이 만든 학술 용어들 역시 무시할 수가 없다. 만약 한글 전용화 운동을 벌인다고 해서 한문을 배격하거나 일본이 만든 학술용어들을 팽개친다면 정상적으로 학문을 할 수 없다는 것 역시 엄연한 현실이다. 한문은 중국만의 것이 아니라 우리가 2천 년 이상 사용을 해온 동아시아 공통의 문화적 자산이고, 한글로 표현하기 어려운 것을 가능하게 해주는 강력한 표현 도구이다. 이런 도구를 외면한다는 것은 자신의 수족을 묶는 것과 다름이 없기 때문에 오히려 문화와 사상의 확장 가능성을 막을 우려가 크다. 물론 사용하지 않는 어려운 한자들을 솎아낼 필요는 있지만 그렇다고 다 배격할 필요는 없는 것이다. 마찬가지 논리로 일본이 만든 학술 용어들도 그 자체 우리의 표현을 도와주는 개념적 수단이다. 왜색이라고 해서 그것들을 다 거부하는 것은 폐쇄적 민족주의의 울타리에 스스로를 가두는 것이자 우리의 표현 수단들을 현저하게 축소시키는 행위일 뿐이다. 오히려 그 위에 플러스 알파를 개척해서 더욱 확장시키는 것이 올바른 학문의 태도이다.

우리말을 강조하는 사람들이 범하는 가장 큰 오류가 있다. 그들은 한글식 용어들을 만들면 문제가 다 해결되는 것으로 생각하는 경향이 있다. 우리 말을 사랑하는 것도 중요하지만 개별 용어들을 단순히 한글화하는 작업으로 문제해결이 되지 않는다는 것을 깨닫는 것이 보다 중요하다. 개개의 단어들은 집을 지을 때 필요한 벽돌과 같다. 벽돌이 중요하기는 해도 벽돌만으로는 아무것도 할 수가 없다. 집을 짓기 위해서는 설계를 해야 하고, 이 설계도에 따라 개개의 건축 자재들을 배치하고 연결을 해야 한다. 또 이런 일들을 할 수 있는 숙련된 노동자들도 필요하다. 마찬가지로 개별적인 용어들을 하나의 문장 속에서 연결을 하고 적절하게 배치하는 작업이 필요하다. 이러한 작업은 무엇보다 생각과 사유의 내용을 채우는 일이다. 우리말로 사유를 한다는 것은 그런 의미에서 개별적인 한글 용어가 아니라 그 용어들의 결합체인 문장과 문장의 연결과 합성 등에 의해 이루어진 사고의 내용이다.

요즘 학생들이 문해력이 떨어진다고 걱정을 하는 이들이 한결같이 범하는 오류가 있다. 종종 그들은 "고학년이 북한 이탈 주민에서 '이탈'의 뜻을 모른다든지 지진이나 홍수는 알아도 '재난' 같은 상의어나 포괄어를 모르는 경우가 정말 많다."라고 한다. 하지만 그런 어려운 한자 용어는 사전을 찾아보면 얼마든지 해결할 수 있다. 과거처럼 종이 사전 말고도 스마트폰이나 노트북에서 구글로 검색해 보면 얼마든지 나온다. 문해력을 문장을 이해하느냐의 여부가 아니라 단어 이해에 두기 때문에 나타나는 성급한 일반화의 오류이다. 문제는 개별적인 한자어에 있는 것이 아니라 문장 속에서 각 단어의 역할과 의미, 그리고 맥락 등을 이해하는 것이 훨씬 더 중요하다. 이렇게 본다면 문해력은 한글 용어 몇 개를 만들어서 바꾸는 문제가 아니라 우리의 생각을 표현할 수 있는 사고와 그 사고를 만들어주는 문장에 있다고 할 수 있다.

이것은 이른바 '우리 철학'의 경우에도 마찬가지이다. 한국의 대표적 사상가로 일컬어지는 다석 유영모 선생은 자신의 철학을 표현하기 위해 한글 개념들을 여럿 만들고, 이런 용어들을 가지고 노자의 도덕경이나 천부경을 직접 번역하고 자신의 사상을 세우기도 했다. 그 점에서 다석이 주조한 개념이나 사상은 독특하다. 다석이 만든 용어들의 예를 들어 보자. 별(別)·의(義)·친(親)·정(正)을 우리말로 풀이하면 '닳(별)·옳(의)·핳

III. 철학과 사상 비판   175

(친)·밯(정)'이고, 또 이런 식으로 만든 개념들은 빈탕한데, 가온, 바탈 등 수도 없이 많다. 문제는 이런 용어들이 일상에서 거의 혹은 전혀 사용되지 않고 있다는 점이다. 어떤 개념들이 학문이나 일상에서 사용되지 않고 박물관에 전시만 된 상태라면 그만큼 확장될 가능성도 떨어질 수밖에 없다. 아이러니칼하게 다석을 한국을 대표하는 사상가라고 말하면서도 대학의 철학과에서는 전혀 그의 사상을 가르치지 않고 있다. 아무튼 이런 식의 한글 용어 주조는 과거 조선 시대 선비들이 한문이라는 문자를 독점했던 것처럼 한글을 소수의 사람들의 독점물로 만들 가능성이 높다. 실제로 다석이 쓴 글이나 그가 번역해 놓은 글을 보면 도대체 무슨 말인지 모를 때가 많다. 그것을 이해하려고 한다면 다시 현재의 일상 언어로 재번역을 해야만 할 정도이다. 시나 문학 등 예술적 차원에서 한글 용어들을 주조하는 것은 의미가 있을지 몰라도 학술용어들을 이런 식으로 만든다는 것은 소통하기도 힘들뿐더러 일종의 언어 독점주의로 빠질 수도 있다. 소수의 언어 독점은 세종이 한글을 창제하실 때 '널리 배우고 익히라'는 정신과도 상치되는 것이다.

개별적인 우리말 언어를 발굴해서 널리 사용토록 하는 일도 중요하지만 보다 중요한 것은 우리말 문장과 우리말 사고 체계를 표현할 수 있고 또 그런 것들에 기초해서 뛰어난 문학 작품이나 학술 작품을 만들어내는 데 있지 않을까? 한글 이상으로 한글로 엮어낸 작품과 사상이 중요하다는 의미다.

4. 한국인의 사유와 일본인의 사유의 차이와 비판

교토 대학 철학과의 철학 교수인 오구라 기조의 『조선 사상사』에 보면 사유 방법의 차이에 따라 외래문화를 받아들이는 한국인의 사유 방식과 일본인의 사유 방식의 차이가 잘 드러나 있다.

"첫째로... 일본 문화가 외부로부터 도래하는 문화에 대해 브리콜라주(수선)적인 포섭 방법을 취하는 경향이 강한 반면, 조선은 외부로부터 도래한 사상이 기존 시스템의 전면적인 개변을 추진하는 경향이 존재한다. 고려 시대에 불교가 사회 변혁을 시도했고, 조선에서는 주자학이 국가의 통치 이념이 되면서 사회를 혁명적으로 바꿨다. 이런 전통은 현대에 들어서도 조선민주주의 인민공화국에서 공산주의라는 사상(주체사상)이 똑같은 역할을 하고 있다. 그런 맥락에서 일본과 다르게 조선에서 '사상의 혁명적인 정치적 역할'의 크기가 막대하다는 것이다."14) 반면 일본인들의 사유를 대변하는 브리콜라주Bricolage는 인류학자 끌로드 레비스트로스Claude Levi-Strauss가 『슬픈 열대』에서 문화 인류학적으로 사용한 개념이다. 이는 대상을 조작하고 변형할 수 있는 손재주와 같은 것이다. 이런 능력을 가진 사람은 대상을 단순히 수동적으로 받아들이는 것이 아니라 그것을 자신의 능력에 의해 재구성하려는 측면이 강하다.

---

14) 오구라 기조,『조선 사상사』(이신철 역, 도서출판 길, 2022)

그런데 여기에 주어진 것만으로 볼 때 두 사유의 우월성 여부를 결정할 수 있을까? 만약 결정한다면 두 사유 방식 중 어떤 것을 더 우월할까? 사실 이런 문제는 대단히 예민할뿐더러 거북스러울 수도 있다. 나 자신도 이에 대해 판단하고 싶지는 않지만 냉정하게 바라보면서 상호 간에 비교와 장단점을 비판적으로 주목할 필요는 있다고 생각한다.

두 사유 방식의 차이는 대상을 수동적으로 받아들이는 것과 능동적으로 받아들이는 것과 비슷하다. 이러한 차이는 영국의 경험론과 대륙의 합리론의 차이를 통해서도 살펴볼 수 있다. 경험주의자 로크는 경험 이전의 인식을 백지상태tablula rasa라고 규정한 바 있다. 인간 인식은 오직 경험을 통해 하나씩 그 백지를 채워 나가는 것이다. 이러한 인식에는 인식을 가능케 하는 경험 이전의 선험적 틀a priori/transzendental frame과 같은 것을 인정할 여지가 없다. 인식은 오로지 외부 세계에 대한 수동적 정보일 뿐이기 때문이다. 이러한 인식은 외부 세계에 대해 개방되어 있어서 외부 세계의 변화, 새로운 등장 등에 따라 함께 변화하는 다이내믹한 성격을 띤다. 이러한 사유방식은 상대주의나 회의주의에 빠질 수는 있지만 민주주의와 시장 경제 등을 탄생시킬 수 있는 긍정적 측면이 있다.

반면 데카르트 이래 대륙의 합리주의자들은 단순한 경험 이상으로 그것을 가능케 하는 이성의 선험적a priori 틀의 역할을 강조한다. 그들의 주장에 따르면 모든 인식에는 그러한 인식을 받아들일 수 있는 선험적 인식 틀이 있다. 인식은 결코 수동적인 것이 아니며 백지상태에서 이루어지는 것도 아니다. 이러한 선험적 틀이 있을 때 비로소 인식이 가능하고, 이러한 한 틀의 구성에 의해 인식이 이루어진다. 인간 인식에는 외부 세계의 정보를 받아들일 수 있는 선험적인 주기판a priori mainboard이 있다는 것이다. 칸트의 인식론이 정확하게 이러한 인식론을 대변한다. 대륙의 합리적 철학자들은 이러한 인식이 가져오는 확실성과 필연성, 연역적 추리 등의 장점을 특별히 강조한다. 이러한 인식의 대표적 모델이 수학이다. 반면 이러한 인식은 인식을 가능하게 하는 틀의 한계를 비판적으로 반성하지 못할 가능성이 높다. 실제로 칸트의 비판에 따르면 대륙의 합리론자들은 형이상학적 실체론과 관련해 독단Dogma과 나르시시즘Narcism에 빠진 측면이 강하다. 비트겐슈타인이 비판한 것처럼, 눈은 자신을 볼 수 없다.

다소 도식적이기는 하지만 한국의 전변식 사유는 경험주의에 가깝고 일본의 브리콜라주적 사유는 합리주의에 가깝다. 각각의 사유가 가진 장단점이 한국인의 사유 방식과 일본인의 사유 방식에 그대로 나타난다. 한국인의 사유 방식은 매번 새로운 것을 찾기 때문에(새로운 것의 변화에 의존적이기 때문에) 늘 변하고 뒤집으며, 따라서 현실적이고 역동적dynamic이다. 다만 변화만 추구하다 보면 이러한 사유에서는 축적이 이루어지기 힘들고, 자기 사유를 정립하는 일도 쉽지가 않다. 이러한 사유는 주체의 구성 능력보다는 외부 대상을 받아들이는 데 더 열심이기 때문이다. 오구라 기조가 일별한 것처럼 한국인의 사유는 불교가 들어오면서 전통 사상이 무너지고, 유교가 들어오면서 불교가 억압 폐지되고 기독교가 들어오면서 또 같은 현상이 벌어진다. 20세기 들어와 마르크스주의가 그런 역할을 담당했고, 그 이후 포스트모더니즘이 똑같은 역할을 담당했다. 때문에 한국의 철학자들이나 철학계는 늘 새로운 것을 찾는 반면 자기 사유가 없다. 이러한 방식을 계속 반복할 경우 한국인의 사유는 30년이 지나도 똑같고, 100년이 지나도 별로 달라지지 못할 것이다. 혹자는 근대화의 경험이 짧아서 그렇다고 하지만, 짧은 기간에 근대화를 이룩한 일본의 예를 비추어 본다면 결코 짧지 않다. 보다 근원적인 이유는 한국인의 사유 방식의 한계 때문이다.

반면 일본의 사유는 새로운 것을 받아들일 때 절대 액면 그대로 받아들이지 않는다. 늘 기존의 사유 체계에 의해 재구성하거나 재해석하고 편집한다. 여기서 기존의 사유 체계는 합리주의자들이 말한 a priori frame과도 같다. 이러한 사유 방식에서는 연속성과 축적이 가능하며, 동시에 자기 사유가 가능하다. 일본은 불교를 받아들일 때 일본식으로 바꿨고, 유교를 받아들일 때도 마찬가지로 바꿨다. 계율을 중시하는 한국이나 중국의 불교와 달리 그들은 그런 계율에 얽매이지 않는 경우가 많다. 석가모니 보다 소속 종파의 조사 중심이나 대처승 제도, 더욱이 극심한 것은 불교가 토속종교인 신도神道와 뒤섞인 신불습합神仏習合 현상이 그렇다. 일본이 짧은 근대화 기간에 서구의 사상이나 문물을 자기 것으로 소화한 데는 일본식 사유의 구성적 특성이 상당히 기여했다. 하지만 동시에 이러한 사유 방식은 자기 한계를 인정하지 않는 도그마에 갇힐 수 있다. 일본이 근대화에 성공한 후 곧바로 제국주의Imperialism의 반열에 뛰어들고, 나중에는 2차 세계 대전을 일으키면서 아시아의 수많은 인민들에게 고통을 준 이유도 따지고 보면 자기 확신이 넘쳐서 미처 자기반성을 하지 못한 일본식 사유의 한계 때문이다. 일본인들이 자신들이 저지른 과거사에 대해 반성을 하기보다는 '통석의 염' 같은 교묘한 말장난으로 호도하는 이유도 여기에 있을 것이다. 합리주의가 지닌 독단Dogma에 일본인의 사유 방식이 갇혀 있는 모양새다.

한국인의 사유 방식과 일본인의 사유 방식 간에 어떤 것이 더 좋고, 어떤 것이 더 우월한 것인가를 따지기는 쉽지가 않다. 경험주의와 합리주의 간의 우월을 따지기 힘든 것처럼 서로 간에 장단점이 있기 때문이다. 보다 중요한 것은 서로 간에 상대를 반면의 교사로 생각할 수 있다면 최선의 결과를 낳을 수 있다. 서로 배울 필요가 있다는 것이다. 한국은 일본식 사유의 장점을 들여다보고, 일본 역시 한국식 사유의 장점을 배울 필요가 있다. 그런 면에서 서로 간에 협력을 한다면 동아시아 문화와 사상에서 새롭고 창의적인 미래를 열 수가 있지 않을까?

5. 문제는 악의 평범성이 아니다.

　미국의 여성 정치 철학자 한나 아렌트(H. Arendt, 1906-1975)가 나치 전범 학살자인 아이히만의 법정을 참관하고 내놓은 '악의 평범성'이라는 말은 널리 알려져 있다. 본인이 유태인으로서 나치를 피해 미국으로 건너온 아렌트 입장에서는 도대체 나치 전범들은 어떻게 생겨 먹은 인간들이기에 그런 반인륜적 범죄를 저질렀는가가 궁금했을 것이다. 아렌트는 이 법정을 참관하기 위해 한 학기 강의를 반납하기까지 했다. 그런데 아렌트가 아이히만의 법정 진술을 오랫동안 관찰하고 나서 내놓은 진단은 너무나 평범했다. 아렌트는 유태인 학살과 같은 천인공노할 범죄를 저지른 아이히만이 괴물 같은 존재가 아니라 그냥 이웃집에서 평범하게 만날 수 있는 사람 좋은 아저씨 같다고 했다. 실제로 아이히만은 대단히 가정적이고, 딸아이들 한테는 좋은 아빠이기도 했다고 한다. 그런 그가 어떻게 그런 범죄를 저질렀을까? 여기서 아렌트가 내놓은 진단이 저 유명한 '악의 평범성banality of evil'이다. 범죄를 저지르는 괴물이 따로 있는 것이 아니라 평범한 이웃들이 그런 짓을 할 수 있다는 것이다.

　아렌트에 따르면 이런 평범한 사람들이 생각 없이 행동하다 보니 저런 범죄에 휩쓸리고, 자신의 범죄 행위에 대해 반성도 하지 않은 것이다. 사고(생각)의 부재가 저런 엄청난 범죄를 야기했다고 볼 수 있는 것이다. 물론 인간이 사고를 전혀 하지 않을 수는 없다. 아렌트는 여기서 '제대로' 사고하지 않았다고,

말하자면 반성적이고 비판적으로 사고를 하지 않다 보니 저런 행동을 했다고 덧붙인다. 아렌트가 여기서 도출한 '악의 평범성'은 나치의 행태에 대한 거의 고전적인 해석처럼 여겨지고 있다. 하지만 아렌트의 이런 해석을 액면 그대로 받아들일 만큼 과연 사정이 그럴까? 젊은 시절 하이데거와 야스퍼스 밑에서 철학을 공부한 명민한 학생이 보기에 나치에 부역한 그녀의 스승 하이데거가 별생각 없이 행동한 것으로 판단할 수 있을까? 철학자의 나라 독일, 유럽에서도 가장 지성적이라고 자부했던 독일의 국민이 과연 아무런 생각 없이, 비판적이거나 반성적인 사고를 하지 않아서 나치에 열광하고, 유태인 학살과 같은 인종 청소에 동조를 했단 말인가? 단언하건대 나는 아렌트의 '악의 평범성'이라는 진단이 틀렸다고 본다.

평범한 사람들이 생각 없이 행동해서 저런 범죄를 저지른 것이 아니다. 사람들은 사소한 일을 할 때도 무수히 많은 생각을 한다. '인간은 생각하는 갈대'라는 파스칼의 말이나 '나는 생각한다. 고로 나는 존재한다'는 데카르트의 말을 빌릴 것도 없이 생각과 이성적 사고는 인간을 다른 동물들과 구분하는 종차種差이기도 하다. 그런 인간이 생각이 없이 행동했다는 말은 그 말의 의미를 백분 이해한다 하더라도 적확한 진단이 아니다. 인간은 생각이 없이 행동하다가 범죄를 저지르고 악에 동조하는 것이 아니라 자신들의 이기적 욕망에 휩쓸리고 도덕적인 판단과 행동을 이끌 수 있는 용기가 부족해서 그런 행동을 하는 것이다.

도덕은 오래전 플라톤이 이야기했듯 인간을 구성하는 이성이나 욕구에서 나오는 것이 아니라 전사military man들의 용기의 원천인 의지will에서 나오는 것이다. 도덕은 원인과 결과를 따지는 이성에 의해 자동적으로 발휘될 수 있는 것이 아니고, 본능적인 감성과 욕구에 사로잡힌 상태에서 나올 수 있는 것도 아니다. 그것은 전쟁터에서 죽음에 대한 두려움을 무릅쓰고 싸움에 임하는 전사들의 용기와 의지에서 비롯된 것이다. 이성과 감성이 '~ 때문'(because of)에서 나온 것이라고 한다면, 의지는 '그럼에도 불구하고'(in spite of)에서 나온 것이다. 이성과 감성은 합리적인 것이든 본능적인 것이든 이유를 따지는 반면, 의지는 그런 이유와 상관없이 하고자 하는 바램이다. 플라톤은 이성의 덕이 지혜이고, 절제가 욕구의 덕이라고 한 반면 의지의 덕은 전사들에게 요구되는 용기라고 말했다.

    도덕적 행동을 의지에서 찾는 플라톤의 전통은 근대의 도덕철학을 종합하고자 한 칸트에게서 그대로 이어지고 있다. 칸트는 "이 세계 안에서, 아니 그 밖에서조차 우리가 무제한적으로 선하다고 볼 수 있는 것은 오직 선의지Good will뿐이다."(『도덕형이상학 원론』)라고 말했다. 고대인들이 덕virtue이라고 간주했던 우수한 두뇌, 강인한 체력, 뛰어난 판단력 같은 것들도 그 밑에 선의지Good will가 깔려 있지 않다면 오히려 가장 큰 악덕이 될 수 있다. 빼어난 재능을 가진 자들이 가장 나쁜 악인이 될 수 있다는 예를 우리는 수도 없이 확인할 수 있다. 그런 의미에서 고대인들이 중시한 덕이 아니라 선한 의지만이 덕이라고 칸트는 말한다. 그런데 이런 선 의지는 저절로 발휘되는 것이 아니다.

성경에 나오는 '선한 사마리아인'의 이야기를 보자. 밤에 산길을 가는데 어떤 사람이 부상을 당해 신음을 하고 있는 광경을 보자. 산길을 갈 때 가장 두려운 존재는 산짐승이 아니라 오히려 사람이다. 그런데 밤중에 산길에서 부상당한 사람을 보았을 때 어떤 생각이 들까? 대부분은 머리끝이 솟는 두려움을 느끼면서 자기도 똑같이 저런 봉변을 당하지 않을까 걱정이 앞설 것이다. 이 경우 감성적 판단은 끊임없이 두려움을 피하고 싶어 할 것이다. 마찬가지로 여러 가지 정황을 고려하는 이성적인 판단에 따르더라도 이성은 이 자리를 피하는 것이 합리적 행동이라고 자위하고 싶어 할 것이다. 하지만 선한 사마리아인처럼 도덕적인 양심이 있는 사람은 두렵기도 하고 도망치는 것이 상책이라는 사실을 잘 알고 있음에도 불구하고 저 사람을 내가 구하지 않으면 죽을 수도 있다는 선한 마음이 앞서 있다. 선한 사마리아인의 도덕적 행동은 감정적 두려움과 이성적 판단에도 불구하고 용기를 내서 부상당한 사람을 돕는 것이다.

도덕이란 이처럼 두려움에도 불구하고 전사들이 의무감에 따라 행동하듯, 감정과 이성을 넘어서 마땅히 선의지(양심)가 명령하는 바에 따라 행동하는 것이다. 내가 아렌트의 '악의 평범성'에 반대하는 이유는 그들이 생각 없이 행동하는 것이 아니라 그들의 '이기적 욕망'을 나치가 대변하고 있고, 그들이 반대할 경우 닥칠 수 있는 '불이익'이 두려워서 나치에 동조하거나 적극적으로 부역 행위를 하는 데 있다. 그것은 결코 생각이 없는 것이 아니라 본능적인 욕구와 합리적인 이유에 따른 행동인 것이다. 이런 행동에 대해 아렌트처럼 생각 없이 행동한 것이라고 딱지를 붙일 수 있을까? 만약 그렇게 단순화시킨다면 그것은 본질을 크게 벗어난 것이라고 할 수 있는데, 왜 많은 학자들이 앵무새처럼 아렌트의 말을 반복하고 있을까? 정작 생각이 없다는 말, 제대로 생각하지 않았다는 말은 학자들의 그런 태도에 있지 않을까?

아렌트가 말한 것과 다르게 '생각 없는 행동'이나 '제대로 생각하지 않았기' 때문에 사람들이 악을 행하는 것이 아니다. 악은 단순히 선의 부재가 아니라 적극적인 실체를 가지고 있다. 그들은 훨씬 더 이기적이고 교활한 생각을 하고 있는 것이다. 그들에게 부족한 것은 선과 악을 결단하는 삶의 매 순간에서 악을 버리고 선을 택하려는 '선의지'와 그것을 관철시키려는 전사의 '용기'이다. 그리고 사마리아인 깁은 선의지와 전사의 용기야말로 플라톤과 칸트가 강조해 마지않았던 도덕의 본질이고 도덕적 인간이 갖추어야 할 덕목이라 할 수 있다.

6. 개인의 자유와 서구의 몰락

코로나 바이러스가 창궐하면서 서구의 민낯이 속속 드러나 버렸다. 제3 세계권에서 바라보던 그들은 지난 수 세기 동안 근대화와 제국주의를 통해 전지구를 서구화하는 단단한 신화를 구축했었다. 오리엔탈리즘과 대비되는 유로 센트리즘은 서구인들의 자신감과 오만을 그대로 표현하고 있다. 오랫동안 '근대화Modernization'는 곧바로 '서구화Westernization'로 인식되었고, 서구가 근대화를 가능하게 했다는 인식을 정착시켰다. 이런 근대화의 가장 밑바탕에 놓여 있는 사상 중의 하나가 독립적인 개인과 그런 개인의 자유, 더 나아가서는 사상과 표현의 자유라는 생각이다. 그들에게 '개인의 자유'는 어떤 경우든 양보할 수 없는 천부 인권의 개념이었다. 그리고 이런 사상은 비단 서구에 한정된 것이 아니라 근대화의 영향권에 속한 다른 문화권과 지역에도 그대로 전파되기 시작했다. 오늘날 '개인의 자유'라는 사상은 특수한 지역과 정부를 예외로 둔다 하더라도 지구촌에서 거의 보편화된 사상이다.

그런데 이 '개인의 자유'라는 사상이 코로나 바이러스로 인한 '대 펜더믹의 시대'에 심각한 위협으로 등장했다. '개인의 자유'는 그 한계를 지정할 수 없는 무조건적이고 절대적인 개념이 되기에는 오늘날 너무나 공동체의 존립에 위협적인 한계로 보인다. 전통적으로 동양은 공동체 중심이고, 서양은 개인 중심이라는 것은 일반적으로 알려져 있는 바이다. 이러한 사상의 차이가 전무후무한 코로나 바이러스에 대응하는 방식에서 동양권과 서양권의 차이에서도 극명하게 드러나고 있다. 코로나 바이러스가 중국의 우한에서 시작해서 중국이 이 문제로 곤욕을 치르고 있었을 때 서구의 저널들과 정치인들은 비난과 조롱, 인종주의적 편견과 전체주의의 혐의를 거침없이 쏟아부었다. 하지만 우한을 강력하게 봉쇄한 중국의 조치가 없었다고 한다면 세계는 더 큰 위험에 처했을지 모른다. 지난 2년여에 걸친 바이러스 피해와 관련한 통계를 보면 가장 큰 피해 지역은 주로 중국과 아시아를 조롱했던 유럽과 미국과 같은 서구 지역에 해당한다. 아시아권에서는 인도가 특히 크지만 이 지역은 동서양의 교차 지대에다가 전통적 의미의 동양권 혹은 유교 문화권과 차이가 있다.

코로나 바이러스의 확산을 막는 가장 직접적이고 강력한 차단제가 마스크 착용이다. 그런데 이 마스크 착용에서 동서양인들 간에 커다란 차이가 존재한다. 공동체적인 전통에 익숙한 아시아권은 마스크 착용에 대해 순순히 응했다. 반면 서구인들은 마스크가 개인의 자유를 제한하고 억압한다는 의식이 강하다. 서구인들은 바이러스가 유행하기 시작한 초기에 마스크 착용을 외면하고 적극적으로 무시하기도 했다. 이런 안일한 반응을 상징적으로 보여준 인물이 미국의 트럼프 대통령이다. 그는 바이러스가 미국에서 창궐해서 수많은 사람들이 죽어갈 때까지 마스크 사용을 거부할 정도로 무책임하게 행동했다. 그 결과 코로나 바이러스로 인한 피해는 중국이나 한국 혹은 동남아시아권처럼 전통적 의미의 아시아권보다는 서구 선진국에게서 훨씬 심각하게 나타났다. 이탈리아와 스페인, 프랑스와 독일 그리고 영국 등 이른바 선진국으로 자처했던 이들 나라에서 하루 수천 명씩 죽어 나가고 그들이 자랑하던 방역 시스템들이 완전히 붕괴되다시피 했다. 미국은 이런 피해에서 타의 추종을 불허할 만큼 컸지만 그것이 미국인들의 행동 양식을 바꿀 수 있다고 생각하는 것은 너무 안이할 것이다.

동서양 간의 이런 큰 차이는 단연코 마스크 착용과 직접적으로 연관되어 있다. 의료 전문가들의 공통된 지적에 따르면 마스크는 대인 접촉에서 바이러스 전달의 직접적 매개체인 비말을 현저하게 차단해 주는 역할을 한다. 이 마스크는 타인으로부터 바이러스의 공격을 받지 않으려는 수동적 방어의 의미도 있지만 혹시 모르게 나로 인해 타인이 피해를 받을지도 모르는 것을 방지하겠다는 적극적 배려의 의미도 있다. 더 나아가 마스크가 타인에게 바이러스를 확산시킬지도 모를 가능성을 차단한다는 점에서 타인과 공동체의 안위에 적극적으로 협력한다는 의미도 강하다. 그런 면에서 마스크는 너와 나 상호 간의 배려 관계이고, 타자에 대한 이런 배려 정신이 개인 이상으로 공동체의 유지와 존립이 중요하다는 사상이다. 이런 공동체 중심의 정신은 아시아인들의 오랜 전통에 기반하고 있다. 반면 서구의 근대화와 민주주의 혁명을 이룩한 개인주의는 공동체보다는 개인을 우선시하는 전통이 강해서 마스크가 자신의 건강을 지킨다는 것보다는 자신의 자유를 억압하고 위협하는 것으로 받아들인다. 이런 공동체 중심의 생각이 결여되어 있는 많은 서구인들이 마스크 착용을 거부하는 것은 그들 문화의 자연스러운 전통의 발로라고도 할 수 있다. 지금도 그들은 마스크 착용을 강요하는 정부에 대해 자신들을 억압하기 위한 획책이라고 적극 거부하는 집단행동을 보이기까지 하고 있다. 그들에게는 '바이러스의 과학'보다는 '개인의 자유'라는 절대적 신념이 우선하는 것이다. 그리고 그런 신념의 댓가는 너무나 혹독했다.

그러나 서구인들이 신화처럼 떠받들고 있는 개인의 자유는 양보가 불가능한 절대 자유가 아니다. 그것은 봉건 체제의 억압과 구속을 무너뜨리는 과정에서 큰 역할을 한 계몽사상의 한 부류지만 역사적이고 사회적인 태생을 갖고 있다. 서구의 사회 체제는 이 개인의 자유에 기초해서 사유 재산권과 시장 민주주의를 발전시킬 수 있었다. 자본주의 경제학의 기초를 제시한 애덤 스미스도 개인의 이기적인 욕구와 자유로운 경제 활동, 그리고 그것에 기초한 시장 경제야말로 생산성을 극대화하고 효율화할 수 있는 초석이라고 강조했다. 바이러스의 시대에서는 원하든 원하지 않든 간에 개인의 행동이 타인들과 공동체의 존립에 직접적인 영향을 미치고 있기 때문이다. 하지만 이런 사상은 대 펜데믹의 시대, 말하자면 지금까지 인류가 경험하지 못한 새로운 시대에는 더 이상 유효한 개념이 될 수 없다는 것을 실증했다. 그리고 이러한 팬더믹은 앞으로도 종류와 형태를 달리해서 인류의 생존을 얼마든지 위협할 수 있다. 마스크 착용을 적극 받아들이고 자신들의 이런 행동이 결국은 타인들과 공동체의 존립에도 도움이 된다고 행동하는 아시아에서의 코로나 피해는 정반대로 행동하는 유럽이나 북남미와 달리 현저하게 적다. 그런 점에서 지난 수 세기 동안 서구의 신화를 뒷받침해왔던 개인의 자유라는 신화도 오늘날에는 재평가를 받을 필요가 있음을 고려할 필요가 있다. 그것은 절대적 자유가 아니라 사회 역사적 한계를 지닌 것이고, 공동체의 존립에 심각한 위해가 될 경우는 어느 정도 제한을 둘 수 있고 두어야 한다. 나의 생명과 자유가 중요한 것처럼 타인의 생명과 자유도 중요하다. 아울러 지금의 시대는 개인의 욕망 이상으로 타인의 삶을 존중하고 배려하는 공동체 정신이 더욱 요구되는 시대라는 것이다. 100년 전에 '서구의 몰락'을 주창한 슈펭글러의 비판은 오늘날 '개인의 신화의 몰락'에서 실질적으로 찾아야 하지 않을까?

7. 공자와 나이

『논어』<위정(爲政)>편에 공자의 유명한 말이 있다.

"나는 나이 열다섯에 공부에 뜻을 두었고(志學지학), 서른 살에 내 생각이 섰고(而立이립), 마흔 살에 흔들리지 않게 되었고(不惑불혹), 쉰 살이 되면서 하늘의 뜻을 알았으며(知天命지천명), 예순 살에는 남의 어떤 말을 들어도 귀에 거슬리지 않았고

(耳順이순), 일흔 살에 내 마음 내키는 대로 해도 법도를 넘지 않았다(從心종심)."

하지만 공자의 이런 말을 우리 시대의 현실과 비교해 보면 어떨까? 공자의 말씀을 액면 그대로 받아들일 수 있을까? 공자의 경우라면 몰라도 우리 시대 대부분의 사람들은 그렇지 못할 것이다.

1. **志學**: 공자는 나이 15살에 공부에 뜻을 두었다고 했다. 이제 배우고 익히는 일에 전념하겠다는 것이다. 배움에 대한 공자의 생각은 성인이 되어서도 계속 이어졌다. 『논어』 첫머리에 '학이시습지學而時習之 불역열호不亦說乎'는 아주 유명한 말이다. 배우고 때때로 익히니 그 어찌 즐겁지 아니한가? 배움을 즐거움을 동일시한 최고의 경지다. 그만큼 공자는 무언가 배우는 것을 좋아했고, 배우는 일에서 자신의 정체성을 확인했다. 공자의 호학 정신好學精神, 배움에 대한 개방성이야말로 2천수백 년이 흘러서도 여전히 공자의 말씀이 현재화될 수 있는 이유이다. 그런데 이런 배움에 큰 뜻을 세운 공자의 나이가 15살이다. 과연 우리 시대에 이 나이에 그런 생각을 할 수가 있을까?

15살이면 중학교에서 고등학교로 넘어가는 나이일 것이다. 한국에서 이 나이의 학생은 대부분 대학 진학을 위한 수험 공부에 매진하고 학교와 학원을 오가느라 정신이 없을 것이다. 이런 공부는 자기가 원해서 하는 것이 아니라 부모나 선생에 의해서 끊임없이 주입되는 공부이다. 열심히 공부를 해야 좋은 대학에 가고, 좋은 대학에 가야 좋은 직장을 얻는 등 인생에서 성공할 수 있다는 식이다. 좋아서 하는 공부도 쉽지가 않은데, 이처럼 강제된 공부에서 재미를 느낄 수 있는 학생은 극소수일 것이다. 아이들에게 공부란 가장 재미가 없고 하기 싫은 일 중의 하나일 것이다. 이런 아이들을 돼지우리 같은 학교와 학원에 가둬놓고 사육을 하니 학교폭력이 끊임없이 벌어지는 것은 아닐까?

2. 而立: 공자는 15에 공부를 시작해서 30에 뜻이 섰다고 했다. 여기서 섰다(立)는 말은 오랜 배움을 거쳐 비로소 자기 생각을 세우게 되었다는 것을 의미한다. 공부는 일단 기존의 축적된 지식, 이론과 사상들을 배우는 과정이다. 이 과정을 수동적으로 꾸준히 하다 보면 어느 순간에 자신의 생각이 샘솟듯 분출되는 경험을 할 때가 있다. 이제 비로소 자신의 생각과 관점이 생기고 자신의 입장에 따라 가타부타 이야기할 수 있게 된 것이다. 공자가 立이라고 할 때는 비로소 나이 30에 그런 경지에 들어서게 되었음을 말하는 것이다. 하지만 우리 시대는 어떨까?

현대인은 과거 어느 시대보다 사회화의 과정에 많은 시간이 들어간다. 초등학교 6년 + 중고등학교 6년 + 대학 4년을 정상적으로 밟으면 무려 16년을 학교에서 지내야 한다. 중간에 재수를 한다든지 남자들의 경우 재학 중 군대 2년을 다녀오면 19년에서 20년이 걸린다. 요즘은 재학 중에 1~2년 정도 해외

연수를 가는 경우도 비일비재하다. 때문에 거진 20대 후반이 되어서야 학교 문턱을 졸업하는 셈이다. 계속 공부를 할 경우 석사 정도를 마치는 시간이 30세 정도가 된다. 하지만 석사 정도의 수준에서 자기 생각을 펼친다는 것은 하늘의 별 따기나 다름없다. 지금은 예전과 달라서 박사를 마치고서도 몇 년 간의 연구나 현장 경험을 거치지 않고서는 자기 생각을 세울 수가 없다. 때문에 현대의 한국인이 而立을 말하려면 30 중반을 훨씬 넘겨서 최소한 40 정도에나 말할 수 있지 않을까?

3. 不惑: 일단 공부에서 자기 생각을 세우게 된 공자는 이제 좁은 배움의 과정을 넘어서 자신의 삶과 세상 일에 대해 관심을 갖게 된다. 이런 과정을 대략 10년 정도 거친 후에 공자는 不惑이란 말을 사용한다. 불혹이란 흔들림이 없다는 말이다. 不惑은 개인의 생각과 삶의 실천에서 두루 통하는 말이다. 어떤 일을 할 때 흔들림이 없다거나 어떤 유혹이 들어와도 흔들리지 않다는 것이다. 나이 40이면 기업으로 치면 부장급 정도가 되지 않을까? 이때쯤에는 아래에서 치고 올라오는 세력과 위에서 내리누르는 세력 사이에서 끊임없이 흔들린다. 그러므로 나이 40은 가장 불안한 시기라고 할 수 있다. 대학의 연구자들의 경우에도 40이면 교수로 임용된지 얼마 되지 않았거나 여전히 이 대학 저 대학을 뛰어다니는 강사 처지에 있을 가능성이 높다. 교수는 논문 부담이 크고 강사는 강의 부담이 커서 공자가 말한 불혹과는 거리가 멀다. 때문에 이 시대의 사

람들이 공자처럼 나이 40에 불혹의 경험을 할 수 있을까?

개인사와 관련해서도 40쯤이면 결혼 후 대략 10년 정도 될 때다. 이쯤 되면 부부 관계에서도 변화가 많이 일어난다. 10년 세월을 함께 한 부부 사이에 긴장이나 사랑이 사라지고 그저 습관적으로 사는 경우가 많다. 일종의 권태기가 찾아온 것이다. 이때 가정 내의 남자와 여자는 어느 정도 경제적으로 안정되어 있고 시간에서도 여유가 있다. 서로 상대만 바라보던 눈이 비로소 다른 상대로 옮겨지는 순간이다. 주·객관적인 조건이 어느 정도 갖추어진 셈이다. 유혹은 바로 이런 순간에 다가온다. 그러므로 나이 40은 불혹이 아니라 유혹의 시간이라 해도 틀리지 않다.

4. 知天命: 『중용』에 나오는 유명한 구절이 있다. "하늘이 내린 것을 성이라고 하고(天命之謂性), 그것을 따르는 일을 도라 하고(率性之謂道), 그 도를 닦는 일을 교라 한다(修道之謂教)". 인간의 타고난 본성을 이해하고 그것을 갈고 닦는 일을 도道라 한 것이다. 공자가 지천명이라 한 것은 이런 의미에서 타고난 인간의 본성을 제대로 이해했다는 의미일 것이다. 사실 가장 어려운 일 중의 하나가 인간을 이해하는 일이다. 도대체 인간이란 무엇인가는 동서고금을 가리지 않고 끊임없이 제기되는 물음이다. 그런데 공자는 나이 50에 비로소 인간을 이해했다고 한 것이다. 공자의 이런 말씀을 나이 50 먹은 현대인이 이해를 할 수 있을까?

사실 이 문제는 공자가 이해를 했던 당시보다 훨씬 어려워졌을지 모른다. 공자의 시대는 현대에 비하면 비교적 단순해서 인간의 타고난 성정을 파악하기도 어렵지 않을 수 있다. 하지만 현대에는 인간에 대한 다방면의 지식이 축적되어 있지만 여전히 인간은 블랙박스(X)다. 인간에 대해 고려해야 할 점이 과거와는 비교할 수 없을 만큼 늘어나 있기 때문이다. 지천명은 내면에 대한 성찰에서 오는데, 자신을 되돌아볼 겨를과 여유가 없는 한국의 50대에게 공자가 말씀하신 지천명은 요원한 문제일 것이다.

5. 耳順: 이순이 무엇일까? 귀는 외부의 음성 정보를 받아들이는 기관이다. 눈은 시각 정보를 받아들이고, 입은 내부의 정보를 외부로 배출하는 기관이다. 문자로 이루어진 시각 정보는 비교적 안정되고 보편성을 띠고 있지만, 소리로 이루어진 음성 정보는 시시각각으로 변하고 개별적이고 특수한 면이 더 많다. 공자가 이순이라고 했을 때는 이처럼 불안하고 거친 음성 정보가 어떤 형태로 들어오든 그것을 쉽게 받아들일 수 있는 내성과 내공이 생겼다는 의미일 것이다. 과연 60을 먹은 현대인에게 이런 이순이 가능할까?

'억울함'은 한국인들이 특히 많이 겪는 보편적 정서 가운데 하나이다. 한국인들은 소송에서 이겨도 억울하고 져도 억울하다. 다들 나는 억울하다고 하소연한다. 대한민국이 단군 이래 가장 번성한 국가가 되었을지 몰라도 한국인들은 OECD 국가

군 중에서 가장 불행하다고 생각한다. 한국인들이 느끼는 이런 억울함은 주관적 인식과 객관적 현실 사이의 불일치에서 나오는 감정이다. 외부 현실이 어떤 경우이든 한국인들은 그것을 그대로 받아들이지 못한다. 왜 이런 감정이 생길까? 아무래도 한국인들은 오랜 역사 속에서 누적된 피해의식, 수탈과 희생 감정이 커서 그런지 모른다. 이제는 그것을 벗어던질 상황이 돼도 여전히 벗어나지 못한다. 여기에는 객관적 현실을 긍정적으로 받아들여 내부에서 소화를 할만한 능력이 부족한 탓도 있을 것이다. 일종의 태도 조정이 안된다는 의미다. 때문에 공자가 이순耳順이라고 말한 것과는 달리 현대의 한국인들은 외부의 모든 것이 걸리는 역순逆順이라고 해도 틀린 말은 아닐 것이다.

6. 從心: 인생 칠십 고래희(人生七十古來稀)라는 말이 있다. 평균 수명이 짧은 시절의 이야기이다. 100세 세대를 바라보는 지금은 인생은 70부터라는 말도 자연스럽게 나온다. 그런 의미에서 본다면 생물학적 나이는 큰 의미가 없을지도 모른다. 공자가 70이라고 한 것은 생물학적 욕구를 넘어선 나이라고 할 수 있지만, 아마도 이런 욕구를 벗어난다는 것은 성인의 경지라고 할 것이다. 내가 원하는 대로 해도 법도나 도리를 벗어나지 않는다는 의미는 주관적 욕구와 객관적 현실 간에 완벽한 일치가 있을 때만 가능한 것이다. 욕구에는 생물학적 성욕, 경제적인 물욕, 정치적인 명예욕, 학문적인 지식욕 등 다양하게

있다. 그중의 하나가 타인의 인정에 대한 욕구도 포함될 수 있다. "남이 나를 알아주지 않아도 나는 화를 내지 않는다"(人不知而不慍)는 공자의 말씀은 이런 인정의 욕구도 벗어나 있다고 할 수 있다. 공자가 식솔과 제자들을 이끌고 유랑을 할 때 수도 없이 문전 박대를 당하면서 서러움도 많이 경험했을 것이다. 그런데 이제 공자는 그런 인정에의 욕구조차 하찮게 생각하는 것이다. 그런 의미에서 공자는 모든 욕망에서 벗어난 성인의 경지에 올랐기 때문에 마음이 이끄는 대로 가도 허물이 없다. 과연 한국의 70대에서 이런 경지를 볼 수 있을까?

한국의 70대는 여전히 박탈감과 피해의식, 억울함에 가득 차 있고, 여전히 생존을 위한 노동을 해야 하는 경우가 많기 때문에 불행하다. 내면의 성찰을 하기보다는 가스통과 태극기를 들고 거리를 헤매고 다니는 70대는 여전히 불행하다. 스스로 글을 읽거나 쓰지 못하고 자기 생각이 없는 상태에서 SNS나 유튜브에 떠도는 콘텐츠들을 단톡방으로 열심히 퍼나르는 70대는 불행하다. 이런 세대에게 공자의 從心은 그림의 떡에 불과한 것일까?

8. 향원은 덕의 적이다."(鄕愿, 德之賊也)

『논어』〈양화〉편 17장 13절에 보면 이런 구절이 나온다. "내 집 문 앞을 지나가면서 내 방을 들어오지 않아도 내가 섭섭히 여기지 않을 것은 오직 그 향원뿐이다. 향원은 덕의 적이

다."(鄕愿,德之賊也)

사람을 대놓고 이렇게 평가를 한다는 것은 보통 민망한 일이 아니다. 향원鄕愿은 사람들에게 특별히 모난 짓을 하지 않고 원만하게 대해서 두루 신망도 높고 덕도 높은 사람으로 인정받는 사람이다. 그런데 공자가 이런 향원을 '덕의 적'이라고 내놓고 비난을 한 것이다. 맹자는 이에 대해 한 걸음 더 나아가서 공자의 태도를 변호한다.

"향원은 비난하려 하여도 딱히 비난할 거리가 없고 풍자하려 하여도 딱히 풍자할 빌미가 없으며 속된 흐름에 동조하고 혼탁한 세상에 영합하여 일상적 삶은 충신한 듯하고 행위는 청렴결백한 듯하다. 사람들이 다 좋아하고 스스로도 그렇게 믿지만 그와 함께 요순의 도에 들어갈 수는 없기 때문에 덕의 도적이라 한 것이다. 공자께서는 일찍이 '비슷하지만 아닌 것'(似而非)을 미워한다고 말씀하셨다. 강아지풀을 미워하는 것은 그것이 벼와 혼동될까 염려해서이고 달변을 미워하는 것은 그것이 옳은 것과 혼동될까 염려해서이고 정나라 음악을 미워하는 것은 그것이 아악과 혼동될까 염려해서이고 자주색을 미워하는 것은 그것이 붉은색과 혼동될까 염려해서이고 향원을 미워하는 것은 그가 유덕자와 혼동될까 염려해서이다."(『맹자』, 7편, 〈진심장구〉)

공자의 진의가 어디에 있든 간에 먼저 맹자의 풀이를 보자. 맹자에 의하면 향원은 인간관계가 모나지 않고 두루뭉술하기 때문에 딱히 꼬집기도 힘들다. 맹자는 이런 인간을 벼와 비슷한 강아지풀처럼 다르면서도 같은 척하는 사이비似而非로 본다. 향원은 덕을 가장한 자인지라 유덕자와 혼동될 수 있어서 쭉정이와 알곡을 가르듯 차이를 두어야 한다는 것이다. 이런 인간은 그저 좋은 게 좋은 거라는 식으로 원칙 없이 행동하기 때문에 문제가 될 수도 있다. 하지만 이런 차이를 인정하는 것과 '덕의 적'이라고 분명하게 가치 판단을 내리는 것은 엄연히 다르다. 그렇게 본다면 맹자는 공자의 말을 제대로 이해하지 못한 것이라 할 수 있다.

공자가 "향원은 덕의 적이다."라고 한 것은 덕이 없는 자가 덕이 있는 척 가장을 하고, 실제로 덕이 있는 것처럼 사람들에게 숭앙을 받기 때문이다. 이런 인간은 겉으로 드러나지 않지만 지킬 박사와 하이드 씨처럼 이중인격과 이중생활을 하는 '위선자hypocrite'라고 할 수 있다. 때문에 '사이비'는 '위선자'와 큰 차이가 있다. 사이비는 쭉정이에서 알곡을 골라내면 되지만, 위선자는 이런 구분 자체를 하기가 쉽지 않다. 그런 의미에서 위선자임을 직관적으로 알고 있는 공자는 단순한 차이만을 소극적으로 이야기한 것이 아니라 '덕의 적'이라고 적극적으로 비난한 것이다.

사실 겉으로 보기에는 대단히 유덕하고 우선한 인간으로 보이는 사람들이 있다. 그의 겉 행동을 보면 일반인들이 쉽게 구분하기 힘든 사람이 있다. 그래서 대부분의 사람들이 그를 칭찬하고 그를 따르는 사람들도 많다. 사람들의 영혼을 인도하는 종교인들 중에 특히 그런 사람들이 많다. 한국에서 널리 인정받는 정치인이나 종교인들, 혹은 교육자들 가운데 이런 사람들이 적지 않다. 그럼에도 '위선자'라는 말을 지나치게 엄격히 적용하면 인간관계 자체가 힘들어질 수 있다. 솔직히 이중인격이 없는 사람, 내외가 완전히 일치하는 사람이 어디에 있을까? 인간은 너 나 할 것 없이 어느 정도는 위선을 할 때가 있다. 그런 소극적 의미의 위선을 가지고 공자가 '덕의 적'이라고 하지는 않았을 것이다.

반면 적극적으로 위선을 가정해서 타인의 영혼을 유린하는 사람들이 있다. 많은 사람들에게 영향을 미치는 사람들, 앞에서 언급한 정치인이나 종교인 그리고 교육자들 가운데 그런 인간들이 있다. 이런 사람들은 자기 내면의 소극적 위선이 아니라 세상을 기만할 수 있는 자이다. 내가 알고 있는 사람 가운데도 저런 적극적 위선자, 세상에 알려진 것과 전혀 다른 모습을 지닌 자, 지선至善이지만 사실은 지악至惡인 자가 있다. 세상이 그의 진실을 알게 되면 정말 놀랄 것이다. 그만큼 세상에 대한 그의 영향력이 크기 때문이다. 그런 위선을 밝혀야 할지 말아야 할지 나 자신도 고민이다. 과연 그 사람이 누구일까? 하지만 손바닥으로 하늘을 가릴 수는 없을 것이다.

9. 깨달음이란 무엇인가?

　나는 이른바 선사들이 토굴 속에서 수년 동안 참선을 하면서 마침내 무언가 깨달았다고 할 때 그것을 별로 신뢰하지 않는다. 그런 오랜 수행 끝에 그들이 우주 만물의 통일적 원리인지 혹은 삶의 궁극의 원리인지를 발견했다고 생각하지도 않고, 할 수 있다고 생각하지도 않는다. 물론 그들이 치열한 수행 끝에 강렬한 확신이나 체험을 얻을 수는 있다고 생각한다. 하지만 그것은 그 자신의 생각일 뿐 그것 자체가 보편화되고 객관화될 수 있는 것은 아니다. 쉽게 말하면 사적 체험일 뿐이라는 것이다. 물론 그런 깨달음을 판정해 주는 구루Guru가 있다고 해도, 그 구루가 깨달은 자(Budda)라는 것을 어떻게 보장할 수 있는가? 그리고 그 구루가 깨달은 자라는 것을 다른 구루가 판정해 준다고 하자. 하지만 이런 물음을 제기하다 보면 플라톤에게서 나타나는 이데아의 딜레마에 빠질 수 있다. 근거 지우는 것을 새롭게 근거 짓는 것의 무한 퇴행 문제이다. 결국 유한자들에서 무한자이자 궁극적 해결사인 신에 이를 때는 일종의 근거 지움이 아니라 점핑Jumping이 일어난다.

　비트겐슈타인의 '딱정벌레'도 비슷한 딜레마를 보여준다. 자기 만이 상자 속의 딱정벌레를 보았다고 하지만 마찬가지로 다른 사람들도 딱정벌레를 보았다고 할 수 있다. 그리고 그들 각각이 보았다는 말을 최종적으로 근거지울 수 있는 근거가 없다. 사실 학자들이나 과학자들은 빼어난 저서들이나 과학적 발견들을 통해 자신들의 궁극의 연구 결과를 보여줄 수 있고, 예술가들도 그들의 작품을 통해서 그리고 기술자들도 마찬가지로 그들이 생산한 기술을 통해서 보여줄 수 있다. 하지만 깨침을 상징하는 상자 속의 딱정벌레는 누구도 확인할 수 없다. 그럼에도 나는 백분 양보를 해서 그런 깨달음의 존재에 대해 인정도 하지 않고 부정도 하지 않는다. 다만 그들이 그런 깨달음을 구하기 위해 치열한 수행을 하고 있다는 사실만은 엄연한 '팩트'로 인정을 한다. 그런데 이런 팩트는 다른 분야의 사람들도 똑같이 한다. 이를테면 최고의 경지에 이르고자 노력하는 운동선수들도 일반인들이 상상하기 힘든 노력을 하는 것이다. 최고의 작품을 만들어 내기 위해 최선을 다하는 예술가도 그렇고, 문자를 통해 최고의 작품을 쓰고자 하는 학자들의 경우도 틀리지가 않다.

깨친 자의 깨달음에 심오한 형이상학적 원리에 담겨있다고 생각하는 것은 무지한 자들이 갖는 신비감이고 그릇된 신앙일 뿐이다. 때문에 깨달음을 표방한 자들이 몽매한 대중들을 데리고 사기 치는 경우는 역사에서 수도 없이 많이 있다. 이런 오류나 그릇된 믿음에 빠지지 않기 위해 혹은 궁극의 깨달음을 구하기 위해 '깨달음이 진정 무엇인가'라는 절박한 물음을 던질 수 있다. 이를테면 '도道가 무엇인가?', '부처가 무엇인가?', '달마는 왜 동쪽으로 왔는가?' 등 특정한 문제를 가지고 싸울 수도 있고, 만공 스님의 '만법귀일 일귀하처萬法歸一 一歸何處'처럼 오직 하나(一)를 잡을 수도 있고, 아예 그도 저도 아닌

'이 모꼬?'와 같이 무자화두無字話頭를 가지고도 수행정진할 수 있다. 하지만 그 모든 물음들이 도달하는 것이 무엇일까? 무無나 도道가 실체가 없듯, 깨달음 또한 실체도 없고 내용도 따로 없다. 칸트가 현상을 초월한 물자체(Ding an sich)의 세계를 말했지만, 도대체 현상으로 드러나지 않는 본질이 어디에 있고, 본질을 담지 않은 현상이 무슨 의미가 있을까? 장막 뒤에 무언가 있을 것이라고 들추어 보지만 그저 어둠뿐이 없는 것이다. 현상과 본질은 같은 것도 아니고 다른 것도 아니다. 마찬가지로 깨달음과 일상도 같지도 않고 다르지도 않다. 불교의 언어로 말하면 하나도 아니고 둘도 아니라는 것이다.

부처가 오랜 수행 끝에 깨달은 것이 무얼까? 나는 아주 단순하다고 본다. 부처는 생生 속에 담긴 고苦를 본 것이고, 그것을 벗어나는 방법(해탈)을 보여준 것이다. 이런 통찰과 깨달음은 너무나 단순한 것이다. 이 단순한 통찰과 단순한 해법을 복잡하게 설명할 필요가 없다. 때문에 부처는 입적을 할 때 자신이 평생 설법한 8만 법문이 아무것도 아니라고 말할 수 있었던 것이 아닐까? 예수도 마찬가지이다. 예수가 산상수훈에서 던졌던 메시지를 한 마디로 요약하면 무엇일까? 다른 이들은 어떻게 생각할지 모르지만 내가 보기에는 너무나 단순하다. 예수의 메시지는 너무나 분명하다. 그저 '사랑'이란 말이다. 구약이 '정의'를 세우고자 했다면 예수로부터 시작하는 신약은 '사랑'이 알파요 오메가이다. 사랑만이 우리가 삶을 지속할 이유이고, 사랑만이 우리를 구원해 줄 수 있다는 것이다. 예수는 이 사랑을 위해 스스로 십자가의 고통을 짊어진 것이다. 마찬가지로 동양에서 공자의 정신도 그리 복잡할 것 없다. 주자가 우주 만물의 원리라고 하는 태극도설을 끌고 들어와 공자의 말씀을 형이상학의 차원으로 체계화해서 성리학을 세웠다. 조선의 선비들은 오로지 그것만이 공자의 말씀이라고 생각하고 공부를 했지만 그들은 공자의 말을 너무 번쇄하게 만들고 너무 추상화시켰을 뿐이다. 내가 보기에 공자의 사상은 너무나 단순 명확한 인仁에 다 들어 있다. 더불어 살아가는 삶 속에서 남을 내 몸처럼 생각하고, 나를 남들 속에서 보려고 하는 태도이다. 이것은 교양인이라면 누구든지 알 수 있고, 선한 마음을 갖는 자라면 얼마든지 실천할 수 있는, 지극히 단순한 말이라 할 수 있다. 내가 대접받고자 하는 바대로 남을 대접하라는 황금률과 같다. 세 분 성인의 말씀이 이처럼 단순 명확한 것은 그들 모두가 삶에서 진실을 끌어올렸었고, 삶에 깊숙이 뿌리내렸기 때문이다.

    석가나 예수, 그리고 공자와 같은 성인들이 말씀한 이 단순한 원리가 후대로 갈수록 복잡한 교리로 체계화되고 형이상학적 원리로 추상화되고, 신비한 언설로 간주돼 삶과 유리되고만 것이다. 그런 필연적 이유를 모르는 바는 아니지만 참으로 본질을 볼 수 있어야지 똥폼이나 잡고 허접데기 껍데기만 붙잡고 있으면 되겠는가?

10. 돈오돈수(頓悟頓修) 인가 돈오점수(頓悟漸修) 인가?

지눌에 대한 성철의 비판은 문중 간의 싸움까지 일어날 만큼 큰 영향을 미쳤다. 고려 시대 선사 지눌의 돈오점수頓悟漸修에 대해 20세기의 대표적인 선사 성철은 돈오 이후에 점수가 필요 없다. 오직 돈오돈수頓悟頓修 일뿐이라고 비판했다. 성철의 주장에 따르면 한 번 깨달은 후에는 오랜 습기를 제거하기 위해 따로 점수할 필요가 없다는 의미이고, 점수를 요한다면 깨닫지 못한 것이다. 사무라이 같은 선사인 성철의 입장에서 충분히 할 수 있는 말이고, 그이의 취지를 모를 바는 아니다. 지눌은 오래전 사람이라 성철의 이 같은 비판에 대해 따로 항변할 수 있는 입장이 아니다. 대신 문중 간에 논쟁이 붙었고, 덕분에 학자들 사이에서도 말이 많았다. 때문에 돈오냐 돈수냐는 한국의 선불교에서 가장 핵심적인 논쟁거리가 되고 있다.

그런데 내가 보기에 이 문제는 닭이 먼저냐 달걀이 먼저냐와 같이 해결이 불가능한 문제이다. 닭이 있어야 달걀을 낳을 수가 있다는 말도 설득력이 있고, 달걀이 있어야 그 달걀에서 닭이 생기는 것이 아닌가라는 말도 설득력이 있다. 한 마디로 이것은 칸트가 『순수이성비판』'변증론'에서 제시한 '안티노미 Antinomie' 이론과도 같다. 칸트가 4가지 형식으로 제공한 변증론은 이를테면 "세계는 시초가 있다"라는 명제도 옳고 "세계는 시초가 없다."라는 명제도 옳다는 형태이다. 형식 논리적으로 판단할 때 옳으면 옳고 틀리면 틀리다는 것처럼 서로 모순적인 명제가 동시에 옳을 수는 없다. 그런데 안티노미의 핵심 요지는 둘 다 옳을 수가 있고, 둘 다 틀릴 수도 있다는 것이다. 어떻게 그럴 수가 있는가? 이러한 명제들은 경험을 초월해 있기 때문에 옳고 그름을 경험적으로 검증이 불가능하기 때문이다.

　마찬가지로 돈오가 옳으니 돈수가 옳으니 하는 논쟁도 경험적으로 쉽게 확증을 할 수가 없을 것이다. 체험을 한 자만이 알 수가 있다고 주장한다면, 이는 비트겐슈타인이 말한 '상자 속의 딱정벌레'의 딜레마에 걸린다. 깨달은 자가 딱정벌레를 가졌다고 하지만 그것을 증명할 수단이 없다. 때문에 이런 문제는 백날을 따져 보아야 해결이 난망하기 때문에 어느 한 쪽에 서는 것이 속 편하다. 하지만 내가 보기에 이 문제를 보는 방식을 바꾼다면 얼마든지 공존이 가능하고, 보는 방식에 따라 상대의 주장이 틀리거나 맞을 수도 있고, 내 주장이 틀리거나 맞을 수도 있다. 문제는 어떻게 보느냐에 있지 선택의 문제는 아니라는 것이다. 예를 들어 돈수는 깨달음의 문제를 존재론적으로 보는 것이고, 점수는 인식론적으로 보는 것이라고 생각을 해보자. 존재론적으로 본다는 의미는 깨달음의 본질이나 본체가 있고, 그것을 경험한 것을 깨달음이라고 하는 것이다. 플라톤의 이데아처럼 그것이 존재하고 또 확연하게 본 사람의 입장에서 점수를 주장할 이유가 전혀 없다. 물론 이 경우에도 무엇이 본질이고 본체인가라는 점을 둘러싸고 인식론적 논쟁이 있을 수는 있다. 이런 논쟁을 인정한다면 노자가 말한 '도가도비상도道可道非常道 명가명비상명名可名非常名'이라고도 주장할 수가 있다. 하지만 이러한 주장은 존재론적 가정과는 별개의 문제이다. 이에 반해 점수를 인식론적 의미에서의 개명이자 확장이라고 생각한다면 얼마든지 하나의 깨달음이 있다 하더라도 그다음 단계의 깨달음이 이어질 수가 있다. 헤세가 『데미안』에서 말했듯, "새는 알을 깨고 나온다. 태어나려고 하는 자는 하나의 세계를 파괴하지 않으면 안 된다." 점수는 끊임없이 새롭게 태어나려는 자의 알을 깨는 행위와도 같다. 이런 경험은 인식의 지평이 달라지고 확장되는 경험이다. 때문에 여기서는 점수가 필수적이라 할 수 있다.

존재론적인 문제를 인식론적으로 접근할 수도 있겠지만 그 경우 문제가 풀기가 힘들다. 문제의 해결은 문제의 성격을 분명히 할 때 비로소 해결될 수가 있기 때문이다. 이를 혼동한다면 마치 칸트가 『순수이성비판』 서문에서 이야기를 했듯, 숫염소의 젖을 짜려고 할 때 그 밑에 양동이를 대는 것과 같다. 숫염소의 젖을 짠다는 행위가 괴이한데, 그 밑에 젖을 받겠다고 양동이를 대는 것은 더 괴이한 짓이다. 만일 돈오와 점수를 존재론적인 문제와 인식론적인 문제로 나누어 이해한다면, 서로 간에 네가 옳으냐 내가 옳으냐의 논쟁이 무의미해질 수 있다. 사람들은 선사들의 말을 너무 절대시하는 경향이 있다. 그들도 인간인데 절대라는 말을 너무 쉽게 하는 것이다. 그들도 얼마든지 잘못 볼 수가 있고, 잘못된 이야기를 할 수도 있다면 돈오와 점수를 둘러싼 지눌에 대한 성철의 비판도 얼마든지 상대화할 수 있을 것이다. 우리의 이런 견해를 확장해 보면 기독교의 경우에서도 끊임없이 논쟁이 되는 '하나님의 나라'에 대해서도 적용해 볼 수 있다. '하나님의 나라'가 이 땅에 있고 이 땅에서 그것을 세워야 한다는 입장이 있는 반면, '하나님의 나라'는 이 땅을 넘어선 초월의 세계에 있다고 생각하는 입장이 있다. 사실 이런 논쟁도 앞서의 논쟁들처럼 해결이 불가능한 것이다. 당신은 저세상의 '하나님의 나라'를 가보았냐고 묻는다면 누구든 답변을 할 수 없다. 그것은 이성의 문제가 아니라 믿음의 문제라고 회피하는 것으로 풀리는 것도 아니다. 하지만 이것을 인식론의 문제로 가정한다면 얼마든지 '하나님의 나라'를 이 땅에 건설하기 위한 노력에 정당성을 부여할 수가 있다.

물론 나의 이야기도 하나의 주장일 뿐이다. 하지만 문제를 보는 방법을 달리 함으로써 문제를 새롭게 인식할 수가 있다. 해결이 난망한 것을 고집하면서 피 터지게 싸운다 해도 해결되지는 않는다. 한국 사회의 고질적인 '진영논리'도 그 문제를 대하는 우리의 인식 방식을 바꿀 때 얼마든지 다르게 볼 수 있고, 해결할 수을 것이다.

저자 프로필

　　연세대 정법대를 졸업한 후 문과대 대학원 철학과에서 석사와 박사학위를 받았다. 연세대, 교원대, 숙명여대, 서울여대 등에서 강의했고, 몽골 후레 정보통신대학 한국어과 교수와 한국학연구소장을 역임했다. 한남대 초빙교수를 마지막으로 대학에서 은퇴를 했고, 현재는 연세대 인문학연구원 전임연구원으로 재직하면서 〈브레이크뉴스〉와 〈저널인뉴스〉의 칼럼니스트로 활동하고 있다. 저자는 '에세이철학' 분야를 새로 개척하고 있고, NGO 환경단체인 〈푸른아시아〉의 홍보대사를 맡고 있다. 저서로 《철학과 비판 - 에세이철학의 부활을 위하여》와 《일상이 철학이다》가 있고, 최근에는 장르를 넘어 격동의 1980년대를 배경으로 한 자전적 체험 소설 《그대에게 가는 먼길》도 썼다. 공저로 《철학자의 서재》, 《삐뚤빼뚤 철학하기》, 《우리와 헤겔철학》 등이 있으며, J. 이뽈리뜨의 《헤겔의 정신현상학》(1/공역, 2), A. 아인슈타인의 《나의 노년의 기록들》, S. 홀게이트의 《정신현상학 입문》, G. 루카치의 《사회적 존재의 존재론 I, II》(2, 3, 4/공역), 《무엇이 법을 만드는가》(공역) 등 다수의 책들을 옮겼다.

철학은 반란이다

발행일 2025년 6월 23일

지은이 : 이종철

펴낸이 : 이성환

디자인 : 이윤진

펴낸곳 : 디프넷

주   소 : 경기도 고양시 일산동구 중앙로 1305-30, 삼성마이다스 827호

전화번호 : 031-905-2188

팩스번호 : 0303-3440-2116

이메일 : book@difnet.co.kr

등록번호 : 제2002-50호

ISBN : 978-89-94574-67-7

정가 : 17,000원

이 책의 내용 중 전부 또는 일부를 재사용하려면 반드시 지은이와 출판사의 동의를 받아야 합니다.